U0625522

思考世界
的
孩子

冯晓雪　编著

王国会　绘

YNK 云南科技出版社

·昆明·

图书在版编目（ＣＩＰ）数据

思考世界的孩子 / 冯晓雪编著；王国会绘 .

昆明：云南科技出版社，2025. 3. -- ISBN 978-7-5587-6273-4

Ⅰ . B-49

中国国家版本馆 CIP 数据核字第 202577FD28 号

思考世界的孩子

SIKAO SHIJIE DE HAIZI

冯晓雪　编著　王国会　绘

责任编辑：叶佳林

特约编辑：刘慧滢

封面设计：韩海静

责任校对：孙玮贤

责任印制：蒋丽芬

书　　号：ISBN 978-7-5587-6273-4

印　　刷：德富泰（唐山）印务有限公司

开　　本：710mm×1000mm　1/ 16

印　　张：9

字　　数：108千字

版　　次：2025年3月第1版

印　　次：2025年3月第1次印刷

定　　价：59.00元

出版发行：云南科技出版社

地　　址：昆明市环城西路609号

电　　话：0871-64192752

序言

亲爱的小朋友们，你们的脑海里有没有思考过这些问题：

我是谁？我从哪里来？我要到哪里去？

这个世界上，我是否是独一无二的？我又凭什么是独一无二的呢？

我和这个世界之间的关系是什么？世界于我，是什么样的存在？而我的存在，于世界而言，又有什么意义？

他们总说，人是社会性的动物。既然我们也是动物，那么我们和在动物园里看到的大熊猫、大老虎又有什么区别呢？

所谓的"社会性"是什么意思？我和其他人交往的基础又是什么呢？

我们常常说的"世界观""人生观""价值观"分别是什么？它们是如何影响我们的一生的？

……

这些并非天马行空的想象，而是儿童哲学思想的启蒙知识。

或许很多人认为，哲学不过是呈现在书本里的抽象的知识点，难懂且对生活的益处并不多。其实，哲学和生活密不可分，

我们在学习哲学的过程中，能够获得诸多方面的进步和成长：

1. 学会独立思考。学习哲学的过程就是独立思考、独自判断的过程，掌握这种能力的孩子能够在今后的学习和生活中保持开放的思维和明晰的判断力，不会盲从于他人。

2. 确认价值体系。每个人的所思所想都不可避免地受到自身价值体系的影响。学习哲学能够让我们更好地了解世界、了解自己、思考未来，用宏观思维看待万事万物。

3. 开阔人生视野。学习哲学能够让我们更积极地思考，认清自己的人生价值，找到自己的人生之路。

4. 解决人生困惑。每个人在成长的过程中都会遇到各种各样的困难，但每个人在面对困难时会表现出不同的态度，究其根本，就是因为每个人的心境不同，看待外界环境变化的态度不同。想要透过现象看清本质，需要的是哲学思维，是辩证看待事物的能力。这些都不是只靠翻阅书本就能学到的，而是需要在学习哲学思想的过程中不断培养。

很多人错误地以为，学习哲学，不过是为了学习那些写在书本里的先贤的哲学思想。但实际上，要学的不仅是那些知识点，更是要学习先贤们用什么思维方式去思考，会用哪种思维方式去理解问题。

学习本身并不需要分门别类，最好能做到融会贯通。学习哲学，是为了锻炼逻辑思维，是为了找到实现梦想的道路和方法，找到人类和社会、自然、宇宙和谐共处的模式。

所以，小朋友们，你们做好打开哲学大门的准备了吗？

目 录

第一篇　成长的轨迹

第二篇　让"家"成为"理想国"

第三篇　我也是个社会人

第四篇　时间和空间

第五篇　高度和广度

哲学箴言

第一篇
成长的轨迹

我，为什么是我？

导 语

我，为什么是我？

是因为姓和名吗？但妈妈说，同名同姓的人有很多，比如，叫"王伟"的可能就有几万人。

是因为那串独一无二的身份证号码吗？但一个人又怎么能被一串数字所定义呢？

那是因为我是爸爸妈妈的孩子吗？但如果爸爸妈妈还有其他的孩子呢？弟弟妹妹也不是我啊……

你知道吗？

想要知道"我，为什么是我"，就要先了解：人是由什么组成的？"人"这个字有一撇一捺，如果"撇"代表看得见的身体，那么"捺"就代表看不见的精神。从身体上来看，"我"和别人似乎没有什么太明显的区别，因为人都相似，几乎都是两只眼睛、一个鼻子、

究竟什么才能代表"我"呢？

一张嘴巴、两只耳朵。真正能让"我"成为这个世界上独一无二的存在的，是看不见摸不着的精神世界。

什么是精神呢？

　　精神，是内心世界的统称，是现实世界映射在内心世界的写照。比如，你在上课时背诵了一首《蜀道难》，所有同学都背诵了，这是相同的，但你了解了这首诗的背景和含义之后产生了什么感悟，这就是你的思考和收获；又如，你们一家人晚上看了一部电影，你和家人都看了这部电影，这是相同的，但你看完后了解了一些原先不知道的知识，这就是你打开格局的过程；再如，你有了什么不一样的经历，从这段经历中收获了什么，这就是你感悟人生的哲思……林林总总汇集在一起，就搭建起了你自身的精神世界。

　　每个人的精神世界都是独一无二的，即便有人和你看过相同的书，经历过相同的事，学过相同的知识，但思考和感悟终究是不同的。而恰恰就是这份不同，塑造了不同于他人的你。

知识链接

　　在奥地利思想家、心理学家弗洛伊德的眼中，"我"可以分为"本我""自我"和"超我"。

　　"本我"是最浅层的来自内心的欲望，一般会被自我意识压制住；"自我"是依靠理性去处理现实事件的意识；而"超我"代表精神层面的道德标准下的良知意识。三者合为一体，就是"我"最完整的人格了。

我是谁？我从哪里来？
我要到哪里去？

导　语

每个人都会发出灵魂三问："我是谁？我从哪里来？我要到哪里去？"

"我是谁？"作为第一个问题，在年幼时问的是生理上的身份，在长大后探索的是自我的价值。

"我从哪里来？"作为第二个问题，在年幼时问的是生命的诞生，在长大后追溯的是过往的足迹。

"我要到哪里去？"作为第三个问题，在年幼时问的是出行的目标，在长大后寻找的是人生的方向。

我是世界上独一无二的，我就这样慢慢地长大，成为我最想成为的那个人。

好久不见啊，老同学。

这三个直击内心的问题，是一个人不断探寻"本我"的过程，在不同的年龄阶段，会得到不同的答案。人就是在这一次又一次的问询中，逐渐成长的。

当我们开始意识到"我"有别于其他人之后，就会不自觉地寻找自我，并在这个过程中，找到人生的价值和生命的意义。这个过程，可以由老师、家长来引导，但最终找到什么样的答案，取决于我们自己。

"我是谁？"这是根据每个人内心最真实、最强烈的诉求来定位的。这种诉求将作为我们人生的追寻目标。

"我从哪里来？"这是由每个人过往的经历浓缩形成的。我们在经历中看到了自己是如何一步步走来，如何一步步成长的。

"我要到哪里去？"这是对未来进行全方位的思考。有人从小就确立了人生目标，有人只想过平凡的日子，有人思考过后仍是一片茫然。这种思想上的启蒙也在一定程度上决定了未来的我们是否能够实现自己的梦想。

知识链接

"我是谁""我从哪里来""我要到哪里去"是由古希腊著名哲学家、思想家苏格拉底在约 2500 年前提出来的，是启发人们认识自我、探索生命的起源和终点的哲学命题。后来，这三个问题被统称为"哲学三问"。

性格是如何被塑造出来的？

导　语

人们常说："性格决定命运。"

或许你会觉得奇怪，性格居然能够决定一个人的命运？这么看来，在人生旅途中，性格应该是非常重要的组成部分。

什么是性格？它是如何被塑造出来的呢？放眼每个人漫长的人生道路，性格又是如何影响你的呢？

你知道吗？

性格是指一个人对现实的稳定态度，以及与态度相对应的，在已经成为习惯的行为方式中表现出来的人格特征。

简单说来，性格就是一个人在对待现实中遇见的人和事所表现出来的已经成为习惯的品质。

关于性格的定义，有几个关键词：现实中的、长期的、品质。

一个反映在现实中的长期稳定的综合品质，就是性格。积极的诸如诚实、坚定、勇敢、开朗等；消极的则如狡猾、犹豫、胆怯、优柔寡断等。无论遇到什么机会，一定是积极的性格更能够使人获得成功，消极的性格则会让机会悄悄溜走。

当然，每个人的性格都不会只有积极的或只有消极的，更多的人二者兼有，就如同每个人都会有优点和缺点一样。智者会选择扬长避短、完善自身，让性格成为人生的助力。

自 信

胆 怯

外 向

内 向

乐观，就是笑吗？

导语

你会笑吗？

看到这个问题，你肯定会觉得：笑，谁不会啊！

那好，请接着回答下一个问题：你是个乐观的人吗？

笑，等于乐观吗？

你知道吗？

笑，是一个生理动作，但也具有很多含义。当听到有趣的话、看到好玩的事，你都会笑。

乐观是什么呢？它是一种心态，是一种积极的人生态度。达尔文曾说："乐观是希望的明灯，它指引着你从危险峡谷中步向坦途，使你得到新的生命、新的希望，支持着你的理想永不泯灭。"

笑容，只是乐观心态的表现之一，但笑不能和乐观画等号。

儿童

今天好开心啊！

少年

拿到好成绩，努力没白费！

青年

终于啃下这个项目了！

中年

放眼好风景，何须悲秋扇。

　　人们常说，要笑对生活。这里的"笑"并非浮于表面的笑容，而是从内心深处找到对世界的热爱和信心，唤醒内心的积极力量。这才是乐观的真谛。

　　人性是复杂的，人的境遇也是复杂的，即便是乐观的人，遇到某些问题时，也可能会感到沮丧。如何保持乐观呢？网上有句话："摔倒了，可以先趴会儿，休息够了再爬起来。"这难道不就是一种"乐观之道"吗？

知识链接

　　"乐观"一词最早的记载见于《史记·货殖列传》："当魏文侯时，李克务尽地力，而白圭乐观时变，故人弃我取……"但是，这里的"乐观"和现今的释义不同，是指"善于观察"。后在逐渐演化的过程中，"乐观"一词失去原有之意，变成了"积极向上的心态"。

悲观，就是哭吗？

导　语

当人遇到委屈，或情绪低落，或难过悲伤时都会哭泣。

那，悲观呢？

人们常说，人生之绝望，莫过于万事皆悲观。

悲观，就是哭泣吗？

你知道吗？

哭，和笑是相对的，同样也是一种生理现象。每个人都哭过，但哭的心情却不一定是一样的。

悲观，不等于哭泣，也不等于难过，而是一种消极的处事态度。

悲观的情绪好比一个无形的牢笼，会困住想要飞翔的翅膀。如何

真倒霉，走路也会摔倒！

考得这么差，我是个笨学生吗？

青年

项目太难了，我肯定做不到！

中年

我这辈子都会一事无成吧！

让自己不陷入悲观情绪呢？最关键的是要在精神世界里武装自己。当对自己的能力、想法和情绪有了客观理性的认知，我们就能想办法获得精神上的力量，去消除悲观和消极的情绪。

　　但是，悲观和乐观并不是一成不变的。一个人究竟是悲观还是乐观，更不是从出生后就注定下来不会更改的。重要的是要学会调整自己的心态，这才是真正能够让自己乐观的法宝。

知识链接

　　"悲观"一词来源于佛教，现在通常指对人、事、物所产生消极的看法的意思。"悲观"一词被引入心理学领域后，有"悲观主义"一词，是抑郁症等心理疾病中最常见的描述词语之一。

勇气从何而来？

导　语

你是一个勇敢的人吗？

相信所有人都会说：“我是！至少在某个方面是！”

有的小孩会说：“我敢坐过山车，我肯定是勇敢的人。”

有的小孩说：“我敢一个人进鬼屋玩，根本就不害怕。”

但真正的勇气不仅仅是敢于冒险，敢于玩刺激的游戏，而是敢于直面现实世界的种种考验，即便失败也不退缩。

你知道吗？

从古至今，“勇”都是一种优秀的品质，勇气、勇敢、勇士，都是可遇而不可求的。

你是不是听父母和老师讲过很多“大英雄”的故事？先秦时期，荆轲怀着大无畏的勇气，去秦国刺杀嬴政；秦朝末年，陈胜、吴广揭竿起义，勇敢地反抗皇权；南宋时期，辛弃疾率领几十人冲入数万人的敌营，擒获叛徒；到了近现代时期，这样勇敢的人更是数不胜数，他们浴血奋战、保家卫国，抛头颅洒热血，为中华人民共和国的成立作出了巨大的贡献。

很多人以为，勇气是突然迸发的力量，实际上，勇气是长期磨炼后的胆量、意志力和执行力的体现。胆量，是面对困境时敢于挑战；意志力，是即使困难超乎想象也绝不放弃的决心；执行力是能够把精神力量运用到现实世界的基础。

那么，我们无数次听闻的那些"大英雄"的勇气是从何而来？答案是来自信仰，来自责任，来自心中最坚定的守护。

可能有人会说，我只是个普通的小孩，大英雄的勇气不是我能够具备的。但不要认为，平凡如我就不需要勇气，对于青少年而言，勇气让我们敢于迎接挑战，让我们敢于坚定守护自己的原则，让我们敢于对所有想伤害我们的人说"不"。

失败是成功之母吗？

导 语

你经历过失败吗？

当你失败之后，为了鼓励你，父母也好，老师也罢，一定对你说过："好孩子，没关系，失败乃成功之母，下次一定能成功。"

那你相信这句话吗？

你知道吗？

从小，我们就听过"失败乃成功之母"，你是否想过，失败和成功之间有必然联系吗？

在历史上，我们可以找到很多在失败后总结经验教训，最终获得成功的典故：早在远古时代，有治水之功的大禹最终成为部落首领，

成功 失败

但很多人都不知道，最开始接下治水职责的不是大禹，而是他的父亲，但他父亲失败了。大禹总结了父亲失败的经验，最终战胜了洪水。

但同样，我们能够找到更多失败之后没能成功的案例，而且这些案例就发生在我们周围。因此，我们总会陷入怀疑：失败，是成功之母吗？

失败，只是对现实的一个阐述。比如，我们考试失败了，分数就明明白白地写在试卷上，那这个不被我们满意的分数，如何能成为成功之母呢？答案是总结、归纳、纠错。在老师的引导下，我们会对整张试卷作出分析，哪个知识点是我们还没有掌握的，哪个知识点掌握得还不够牢固，再根据这份分析进行查漏补缺，巩固知识点。那么，下一次考试的时候，这些知识点的漏洞就会被补上。当我们走入社会，同样也是这个道理，只不过试卷变成了工作任务，知识点变成了工作重点和难点。

因此，想要把失败变为成功之母，靠的不是失败本身，而是我们面对失败的态度。失败之后，如果我们不能有所收获，那么失败就是失败，多少次失败，也不会成为成功之母。但失败之后，我们通过总结、纠错，就有可能让失败成为成功之母。

知识链接

爱迪生曾说过："我没有失败，只是找到了一千种不行的方法。"

这就是伟大的发明家的智慧。他从另一个角度思考了失败的意义：从找到一个错误的方法到找到一千个错误的方法，利用排除法，坚持下去，早晚能找到正确的方法。

被家长管教=不自由？

导语

　　不知从何时开始，"无自由毋宁死"这句话总是被很多人挂在嘴边。在他们的心里，"自由"二字仿佛有着无穷的魔力。

　　于是，这些人开始思考，为什么自己总觉得不自由？然后，当耳边传来父母的教诲，告诉他们应该如何如何，并替他们安排很多事情时，他们以为自己终于想明白了，被父母管住，就是不自由！

你知道吗？

　　没有哪一个小孩是凭空长大的。我们需要父母提供吃喝，需要父母供我们上学。孩子就像是一株脆弱的幼苗，需要父母用爱和温暖来浇灌。然而，父母在照顾我们的时候，也会管教我们，约束我们的言行，告诉我们能做什么，不能做什么。

别再管我了，给我点自由吧！

　　因为被约束，所以会产生"不自由"的错觉，那么这两者之间有什么联系呢？

　　中国有句老话："汝之蜜糖，彼之砒霜。"意思是同一个事物，对你来说可能是蜜糖，但对其他人来说可能是砒霜。这就是辩证看待问题的通俗说法。

对于管教和自由而言，同样如此。当你不缺少父母的爱和关注的时候，才会觉得他们的约束是一种束缚，是不自由的；但如果父母忙于生计，总是顾不上关注你的时候，管教就变成了爱的体现，会成为你渴望的关怀。

追求自由没有错，但追求自由的方式不应该是要求父母不管教自己，而是在自我约束的基础上，再去争取最大的自由。

爸爸妈妈，什么时候能管管我？

所以，无论是父母的管教也好，自由也罢，都是辩证的关系，站在不同的角度会有不同的感受和看法。你懂了吗？

知识链接

关于自由，有一首著名的诗是这样写的："生命诚可贵，爱情价更高，若为自由故，两者皆可抛。"然而，章炳麟也曾说过："天下无纯粹之自由，亦无纯粹之不自由。"更准确地说，自由是相对的，并不是绝对的。

生命的意义是什么？

导　语

很多小孩都有类似的经历：观察蚂蚁搬家，一蹲就是一下午；捉到了蝴蝶或蜻蜓，却因为不小心而伤害了它们；看到邻居家的小猫小狗就走不动道，缠着爸爸妈妈要求也养一只；被父母带着去动物园、植物园观察各种生命……

在看过那么多具有生命的动植物后，你是否理解生命的意义是什么？

你知道吗？

人类并不是地球上唯一的生物。相信你看过许多生命鲜活的样子，也看过某些生命消逝的样子，其实，每一个生命都值得尊重。

可能很多人都会想，是在动物园里吃喝不愁的动物更幸福，还是在大自然里自由自在的动物更幸福？其实，这就是人类对于生命意义的思考，但无论是在动物园里吃喝不愁的动物，还是在大自然里自由自在的动物，它们都不会思考这样的问题。

生命的意义，是人类通过思考而得出的。作为高等生物，我们更应该思考如何和大自然和谐共处，而不只是信奉弱肉强食的丛林法则。

老虎，是喜欢在动物园里吃喝不愁，还是喜欢在大自然里自由奔跑呢？

　　生命的意义究竟是什么？在以人类为主体的世界里，通过思考，将"生命"映射在自己的精神世界里所获得的精神内涵。道家说："人法地，地法天，天法道，道法自然。"意思是要尊重自然法则，才能更好地生存，就是对生命的意义最好的阐述。

为什么假期的最后一天总是在补作业？

导 语

　　每到寒暑假的尾声，我们常常能看到这样的场景：一家人齐上阵，小孩子在桌前边哭边写，家长则是站在一旁说："这么多作业，你怎么不知道早点做呢？"

　　你是否也有过这样的经历？

你知道吗？

　　我们总是喜欢事先做好计划，这个计划看起来堪称完美，甚至能事无巨细到几点起床、几点吃早饭、几点写作业、几点看电视、几点玩游戏……但真正实施的时候，就应了那句老话——计划赶不上变化。而更加可怕的是，变化几乎都是往坏的方向走。

　　可能小孩子会认为，等长大了，就能改掉这个坏习惯，一定严格按照计划走。实际上呢？等你长大工作了，依然如此。归根结底，拖延，是人类的通病，不分年龄。

　　有人说，拖延，是人性使然，因为人总想让自己过得更轻松。当一份计划时长超过一周，就会不自觉地找各种借口，今天拖明天，明天拖后天。能够克服拖延的人，一定是意志力和自制力极强的佼佼者。

　　从某个角度来说，这句话是正确的。而对抗拖延的方法也很简单，坚持"今日事，今日毕"。比如，你的计划表里今天必须写完几页练

习册，每天晚上检查一遍，如果没写完就加班加点完成它。坚持下去，你就能克服拖延了。

知识链接

　　拖延，才是人性的选择，所以很多成年人都无法克服它。但我们心里都清楚，这是不对的。著名运动员马尔顿曾说："拖延的习惯，最能损害和降低人们做事的努力。"所以，不要给拖延找借口！

世界观是怎样形成的？

导　语

你是否发出过这样的疑问：其他地方和平与否，和你这个普通人有什么关系？人类研究宇宙的进展，和你这个普通人有什么关系？

恭喜你，当你开始思考这些问题的时候，你的世界观已经被逐渐打开了。

你知道吗？

当你开始了解地球、了解宇宙之后，会形成自己的观念，如人和宇宙的关系、人和世界的关系，又或者反过来说，世界和我的关系、大环境和我的关系。在思考的过程中，我们逐渐树立了自己的世界观，即人与大环境的关联、人与世界的关联，再往大了说，是人和宇宙的关联。

很多人觉得，世界观太过宏大，似乎与个人的关联并不大。不妨举个例子：

在工业革命之前，人们看待那些科学家的眼光，充满了质疑、不信任，甚至是嘲讽，认为他们是异想天开。可是工业革命之后，"电"改变了千家万户的生活习惯，人们从点蜡烛、煤油灯，发展到电灯，再到现在各种电器成为千家万户的必需品，甚至取代汽油成为汽车的能量来源。

当你开始形成世界观的时候，更能切实地考虑人们在生产、实践过程中形成的关系。世界观并不是空洞的，它决定了你用什么眼光看

待世界、看待发展。只有放眼世界，多读书、多聆听外界的声音，才能更客观地看待世界。

当你日复一日地接受多元的信息，自然就会有分辨的能力，也就建立了你和世界的关联。

知识链接

很多游戏都设置了一个宏观的游戏规则，即游戏世界的背景是什么，你要如何利用规则在这个世界里"活下去"，继而赢得胜利。这其实就是最简单、最显性地形成世界观的方法。你可以从中浅显地掌握世界观的本质。

人生观是怎样形成的？

导　语

你是否想过，你要怎样度过这一生？

是轰轰烈烈，还是平平淡淡；是不达目的不罢休，还是知足常乐；是爱情至上，还是追寻梦想……你最终选择怎样度过这一生，这个选择就是人生观的体现。

你知道吗？

人生观，是个人基于人生的意义、目的、生活方式所做出的思考和抉择，一般

我的一生应该是什么样的呢？

24

分为人生目的、人生态度和人生价值三个方面。

或许这么说太复杂，举个最简单的例子：在小学时期，你一定写过一篇作文，叫《我的梦想》。当你拿到这个题目时，肯定会经过"深思熟虑"做出选择，"我想当老师、我想当律师、我要当医生……"

这就是每个人最初接触"人生观"的时刻，你写出的作文，是否是内心真实所想呢？

人生观，是个人参与社会实践时所表现出的价值取向、目标、选择，也决定了个人的行为模式和生活态度。尽管人生观也会随着年龄增长和现实变化有所改变，但它永远都是每个人衡量人生意义的重要标准。

知识链接

人生观同样也在漫长的历史长河中不断地演变：在生产力较低的时代，会有"生存至上人生观""禁欲主义人生观"；在生产力得到丰富和发展的时期，会有"享乐主义人生观""幸福主义人生观"；在国家危亡之际，就会有舍生取义、保家卫国的民族认同、国家认同；在社会主义新中国成立之后，"共产主义人生观"也被大众所熟知。

价值观又是什么？

导 语

经常听到别人说"价值观"，甚至也会听到两个争执不休的人最后撂下一句"咱们价值观不合"，便偃旗息鼓。

究竟什么是"价值观"呢？

你知道吗？

价值观是指在人类思维感官的基础上，对于现实事物的认定、理解、判断和抉择。虽然它体现在现实事物上，但主体是人的思维和取向，是主观的。

比如，哥哥和妹妹被父母带着外出游玩，妈妈让他们选择礼物，标准是不超过两百元。哥哥只选择了一个近两百元的模型玩具，妹妹则是用两百元买了很多发夹、皮筋、贴纸、挂件等小玩意。哥哥很不理解妹妹，觉得好不容易可以买礼物，为什么要买那些七零八碎的东西呢？妹妹也不理解哥哥，只有一个模型玩具，玩一会儿就不想玩了，自己选择的小玩意多划算，能把自己打扮得很漂亮……

从小到大，每个人会有很多次选择：学文科还是学理科，学什么专业，毕业后是否出国深造，是选择有挑战性的工作还是稳定的工作……都是个人基于价值观作出的。这就好比你站在人生的十字路口，而价值观就是你选择走哪个方向的驱动力。

再往大了说，价值观也是人际交往中必不可少的决定因素，是人和社会相处的基本原则。人是群居动物，任何一个人都需要找到适合

自己的队伍，这个适合自己的标准，就是相同的价值观。比如，小朋友找伙伴，喜欢玩捉迷藏的你，一定会找同样喜欢玩捉迷藏的人；喜欢玩脑筋急转弯的人，也一定会去找志同道合的伙伴。而对捉迷藏、脑筋急转弯的认同就是最简单的价值观。

这么说，你明白了吗？

知识链接

价值观具有社会性，所以引申含义比较多，通过在不同领域的划分，可以细分为职场价值观、社会价值观，等等。中国古代的思想名家都有属于自己的价值观，并且广为流传，其中最典型的就是儒家"修身、齐家、治国、平天下"的思想。而到了当代，社会主义核心价值观取代了传统的儒家思想，成为新时代最符合中国的社会价值观。

第二篇

让"家"成为"理想国"

什么是"小爱"？
什么是"大爱"？

导　语

爱，是非常温暖的词汇，它代表着人性的真善美。

爱，有大爱，也有小爱。

小爱是狭义的，大爱是广义的；小爱是本能，大爱是修行。

你知道吗？

每个人都会说："我爱某某某。"这里的某某某可以指代任何人、任何生灵、任何物体。

小孩子常常会说，我好爱爸爸妈妈，好爱爷爷奶奶、外公外婆，好爱家里养的猫猫狗狗。

我好爱你们啊！

长大后我们会说，我爱朝阳似火，我爱夕阳无限，我爱大千世界，我爱世间生灵。

"爱"为什么会有区别呢？

小爱，是建立

在血缘关系、亲属关系之上的情感投射。人们常说的亲情、友情和爱情，就属于这一类情感。正是因为有了小爱的存在，每个人才有了自己的社会属性，而不会独立于社会而无法融入。

我爱这个世界，我要做力所能及的事情，让地球变得更好。

大爱，是人作为高等动物对环境、信仰、自然和宇宙的情感投射。相较于有互动的小爱而言，大爱是发自内心的，是不求回报的，甚至连最基本的互动都只发生在精神世界。但这就是人区别于其他物种的根本。

大爱和小爱，共同组成了人类的情感世界和精神世界，人们通过小爱在情感上获得满足，也因为有了小爱的滋润，才让人类站在更高层次上，去投射情感，用大爱在社会上立足。

知识链接

爱，是生物独特的情感需求和情感折射，正如孟子所说："老吾老，以及人之老；幼吾幼，以及人之幼。天下可运于掌。"意思是说，如果我们能够照顾自己家里的老人和小孩，并且不吝啬地去爱没有血缘关系的老人和小孩，那天下的治理就不再是一件难事了。

我为什么会爱他们？
他们为什么会爱我？

导 语

你是否听说过这样一句话：爱不知所起，而一往情深？

这句话原本是形容爱情的，但实际上，任何一种爱都是如此。

它究竟因何而起？背后的动机又是什么？

我为什么会爱那个特定的人，而不是其他人？

那个特定的人为什么会爱我，而不选择其他人？

你知道吗？

爱是说不清道不明的情感，但本质上还是情感投射。

你会爱自己的亲人，甚至在某些时候会毫无原则地选择亲人，这份爱的初衷是什么呢？是血缘关系的维系。换言之，如果没有了血缘关系或姻亲关系的维系，这份爱也就

妈妈让我做一个会分享的好孩子，我真是个听话的好孩子。

不存在了。

人们爱自己的朋友和伴侣，就是在对方身上投射了自己的情感需求。比如，你是一个比较胆小的人，一个陌生人无意中帮助了你，你自然就愿意和他交朋友，甚至

老师说，地球不光是人类的，还是小动物们的，所以我们要爱护小动物。

成了志同道合的知己；你是一个很孤独的人，一个朋友送给你一只小狗，你就会发自内心地愿意照顾这个小生命，并且在照顾它的过程中，自己的情感得到了满足。

你心里可能会想，我们素昧平生，他帮助我是因为他爱我吗？其实，他们不是因为爱一个具体的人才发出善意，而是因为他们爱这个世界。他们希望世界因为善意而变得更美好，他们的善意不求回报，只求能够传递下去。

知识链接

哲学家弗洛姆曾经出版过一本著作，就叫《爱的艺术》，他认为，爱的本质是付出和给予。父子之爱的本质是子为春苗，父为甘露；母子之爱的本质是只求付出，不求回报。伴侣之爱的本质是执子之手，与子偕老；朋友之爱的本质是互帮互助，相互信任。

"爱"是抽象的吗？

导语

爱，是无形的纽带，是情感的表现。

那么，爱是抽象的吗？

我们应该通过什么来看到爱、表达爱呢？

你知道吗？

在各种影视作品中，我们常常会看到这样的场景：主人公家境贫寒，但成绩优异，为了能够继续让主人公上学，主人公的父母省吃俭

用，只为了让孩子和其他小朋友一样接受教育。他们或许不善言辞，也没有见过多少世面，只是十分质朴地想给孩子提供更好的条件。

爱本身是抽象的，是一种只可意会不可言说的情感。但爱的方式可以是具象的、实际发生在生活中的。

比如，青少年爱父母，他们还没有能力去购买礼物来"孝敬"父母，但替父母分担家务是不是也是爱父母的表现呢？又如，我们爱身边的朋友，不是靠物质交换来达成情感交流，而是在他失意的时候，送上鼓励，帮助他走出困境，这是不是爱朋友的表现呢？

"爱"并不是一个高深莫测的词汇，尽管它看不见、摸不着，但它永远留在人的内心世界，甚至能够主导人类的行为准则。真正的爱是发自内心的，是能够让对方感受到的，更是适合对方的。这样的爱就不是抽象的，而是润物无声地表达。

知识链接

爱是一种情感，但在情感的支配下，人们会因为"爱"而衍生出很多行为。有些行为是开放的，是能够让人感到放松的，那这种爱就是受欢迎的。同样，有些爱是束缚的，让人无形中就有了压力，这种爱就是负能量的。

中国有句老话："鞋合不合适，只有脚知道。"在爱的表达方式上，这句话同样适用。如果你认为，你感受到的爱是不愉悦的、不温暖的，就需要通过沟通来改变它。

什么是"角色定位"和"责任感"?

导　语

人们常说:"我们要做一个负责任的人。"

那么，你知道责任是什么吗?

责任的前提是什么呢?

你知道吗?

人生在世，总是扮演着不同的角色:你是父母的好孩子，是老师的好学生，是弟弟妹妹的好哥哥、好姐姐，是哥哥姐姐的好弟弟、好妹妹，是爷爷奶奶的好孙子，是朋友的好伙伴，是同学的同行者……

或许有人会问，不是说责任感吗，怎么提到了角色定位呢?

责任的前提就是角色定位!

当你只是孩子的时候，你的责任是在自己力所能及的范围内替父母分忧，长大后是要好好照顾父母;当你是个学生的时候，你的责任是好好学习，全力以赴学习各种知识;当你是哥哥、姐姐的时候，你的责任是照看弟弟妹妹，陪伴他们;当你是伙伴的时候，你的责任是帮助好朋友养成好习惯……你看，不同的角色就有不同的责任，如果角色定位都没有做好，就妄谈责任，只会造成错位和不当。

责任，是一种社会属性，也是家庭属性。当我们确定好自己的角色定位时，心里就清楚责任是什么了。比如，你是一名军人，你的首

要责任是保家卫国，或许你会因此而壮烈牺牲，但你负起了军人的责任；又如，你是一名医生，你的首要责任是救死扶伤，或许你会因此失去自己的稳定生活，但这就是医生的责任。

知识链接

　　《新唐书·王珪薛收等传赞》中记载："观太宗之责任也，谋斯从，言斯听，才斯奋，洞然不疑。"意思就是说，太宗应该承担起他的责任，听从大臣的建议，做好皇帝分内事。因为角色的不同，对责任的要求也不同，他们会用圣贤的标准要求儒生，会用明君的标准要求皇帝，会用清官的标准要求大臣。这也是中国古代哲学思想的高明之处。

什么是"家庭"和"家族"?

导　语

"小家"和"大家",你能分得清吗?

"小家"是父母和子女的家庭,"父亲+母亲+孩子",就是一个小家庭。而有血缘关系的一些家庭联系在一起,就是家族,即大家庭。

你知道吗?

中国人十分看重家族的传承,尤其是在古代农耕社会里。究其根本,是因为在古代社会,生产力比较低,抵御风险的能力比较弱,一个三口之家、四口之家根本做不到抵抗天灾和人祸。为了让整个家族得以延续,只能依靠宗族的力量。平时,大家族需要平衡各个小家庭之间的关系,整合资源,让家族的青少年得到发展的机会;如果遇到

困难，有钱的出钱，有力的出力，即便是面对外敌入侵，整个家族的男丁都会奋起保护家人。

在现代社会里，家族已经没有了过去宗族共同抵御灾难的属性，更多的是传承优良的家风，以及资源的更迭和传递。家风是中国特有的道德品质的传承，很多家庭成员较多、传承较久的家族都有属于自己的家风、家训，内容无外乎是"勤俭持家""以和为贵"，等等，目的是让整个家族和谐共处，更上一层楼。

有些年轻人会认为，这是封建糟粕，实际上，以血缘为基础的家族如果能够和睦共处，就是最稳定的小单元。正如歌曲所唱："家是最小国，国是千万家。"这也是中国传统儒家思想的最好体现。

知识链接

中国一些古老的家族，流传至今已有千百年历史，比如，河东裴氏、山东孔氏。他们中曾经出过很多历史名人，为中国作出过卓越贡献。而大家族里往往会有一位族长，如果这名族长秉公办事，公正无私，这个家族就能够长久地传承下去；反之，如果族长只看重眼前利益，任人唯亲，整个家族就会因此而离心离德，注定无法长久。

看到兄弟姐妹被表扬，我为何心里会酸溜溜的？

导语

每个孩子都渴望得到别人的认可和表扬，希望自己是最出色的那一个。

然而，不是每一次你都能如愿的。有时候，你没有做好，而兄弟姐妹做得比你好，长辈们表扬了他们，你是什么心情呢？

是沮丧，还是心里酸溜溜的呢？

那我们为什么会酸溜溜的呢？

你知道吗？

希望自己最优秀，是每个人的追求。如果没有做到，或者是被别人比下去了。听到长辈们表扬别人，听到老师表扬其他同学，内心会涌起一股酸溜溜的情绪，这就是嫉妒和不甘。

千万不要觉得嫉妒就是不好的，要正确看待这种负面情绪，并且学会把它转换成正面的、积极的心态。事物总会有两面性，情绪亦然。

别人做得比自己好，心里酸溜溜的，这是正常的情绪释放。如果一味地强压嫉妒心，只会让嫉妒在阴暗中疯狂滋生，反而会形成不健康的心理。从本质上说，嫉妒是因为自己没有做好，而别人做好了，从而形成的不满心态。如果把这份不满放到自己身上，就成为进步的动力，让自己做得更好；如果把这份不满放到别人身上，只会变成不

忿和怨怼，对自己毫无益处，反而让自己成为嫉妒的奴隶。

如何纾解嫉妒呢？看到和别人的差距，正确认识这种差距，如果能力强就努力追赶，如果能力不足，就学会扬长补短。这才是正确对待差距的心态，而不是酸溜溜地说些不该说的话，伤害别人的同时，也伤害了自己。

知识链接

嫉妒，是一种人与人之间的不良关系的体现，是人情感的表现。《楚辞·离骚》中说："羌内恕己以量人兮，各兴心而嫉妒。"而学者王逸注："害贤为嫉，害色为妒。"可以这样说，嫉妒是一种比较复杂的心理，并且是非常普遍的负面心理。

"善"有标尺吗?

导　语

　　中国有句老话: "与人为善。" 说的是生而为人, 要对周遭的人释放善意, 要和他们友好相处。

　　那你有没有想过: 善有标尺吗, 有原则吗?

你知道吗?

　　善良是一种非常好的品质, 相信每个人都愿意成为一个善良的人, 对陌生人释放善意, 对社会释放大爱。然而, 没有尺度的善良, 并不是真正的善良, 而是人性的软弱。

　　善良一定是有底线、有原则的。对待值得的人, 释放善意会形成良性循环, 他们即使不用物质回报这份善意, 也会善良地对待周遭的一切; 但如果是不值得的人, 他们接受了善意, 却误以为是你的软弱, 更加得寸进尺, 甚至利用你的善良去作恶, 这就违背了善的本意。

　　你肯定读过寓言故事《东郭先生和狼》，东郭先生对狼释放善意，最终换来的是什么呢？自己成为狼的食物。这就是错误的善良。有很多人都误会了友善，认为想要与人为善，就必须和和气气的，即便自己吃了亏，也只能闷声忍下去。

知识链接

　　有原则的善良是善良，没有原则的善良叫软弱。善良有尺，忍让有度，才能让善良形成好的风气，才能让善良在社会上形成良性互动。反之，善良被利用，那就无人敢再"与人为善"，社会就会变得愈发冷漠。

为什么要祭拜先人？

导 语

曾经有这样一句话："死亡并不是生命的终点，遗忘才是。"

如何铭记那些已经故去的人呢？

是每天沉浸在失去亲人的痛苦里，还是带着他们的祝福继续前行？

是平日里浑浑噩噩，只有清明节的时候才想起那些故去的人？

你知道吗？

那些离你而去的亲人，在生理上，他们已经成为无机物，消失在世界上。但在精神世界里，他们并未真正消失，只会逐渐被人们所遗忘。时间是最残忍的，它能带走一切，无论是让你感到美好的亲情，还是能够让你感到痛苦的伤害，都一视同仁。

人们无法从物理上抵御死亡，但可以在精神世界里通过缅怀亲人，来回顾那些记忆深处的温暖片段，并从中获得力量。

祭拜先人，是为了让家族形成凝聚力。千万不要小看它。随着时间和空间的疏远，亲情也会变得越来越淡，逢年过节的走动、共同祭拜祖先的情分，能够唤醒内心世界里的情感，让整个家族团结起来，在面对困难的时候，形成凝聚力。

祭拜先人，是为了获得内心的平静。世间纷纷扰扰，人在一生中受到过太多的诱惑；看到过太多的繁华，唯有回首来时路，才能体会过往的艰辛和坎坷，才会更珍惜眼前的幸福。

祭拜先人，是为了找到更好的前进方向。在清明节、公祭日这些

特殊的日子里，国家也会举行纪念活动，就是为了让孩子们更好地记住身上的责任和使命。

中华民族非常注重家族传承，从周朝开始，就逐渐形成了祭祖、扫墓的习俗，朝廷有官家的祭祖仪式，民间也有老百姓的祭祖仪式。虽然规格有所不同，但本意都是为了铭记祖先、祭奠祖先。到了宋、元两朝，清明节祭祖逐渐形成风气，最终有了"清明节"。

"我"也是这样出生的？

导语

你是否听说过，孩子的生日是母亲的受难日？

生命究竟是什么？生命的真谛又是什么？

我们生而为人，要如何才能不辜负生命本身呢？

你知道吗？

在中国古代的哲学概念里，"生"是一个非常重要的领域，诸子百家都曾经就"生""生命"展开过讨论。当然，这里所谓的"生"

我之前也是这样一个小小的婴儿吗？

那我也要生小宝宝吗？

并不单指生命的诞生，更重要的是指生命的成长和创造。

生命究竟代表着什么？一个人从出生到成年，又意味着什么？在中国古代哲学里，这个过程被称为"生生"，第一个"生"代表生命的诞生；第二个"生"代表成长的过程。合在一起，就是"人生的轨迹"。

每个人都能活出不同的风采。常有人说，生而为人，要如何如何。这取决于每个人的认知。有的人追求功名利禄，有的人追求积极行善，有的人追求一路的好风景，有的人追求陪在亲人身边……无论选择什么，就"生命"而言，如何度过一生有很多种方式，只要不被辜负，就是值得的。

生命只有一次，无法重来，这是它的珍贵之处；生命包含很多选项，是组成人生的各个步骤；生命是生老病死的历程，如何度过这一生，是每个人从小就已经开始思考的哲学问题。

知识链接

在每一个生命诞生之前，母亲都会经历一番痛苦。这原本是一个生理过程，但在哲学家眼中，生命之所以要经历一番痛苦才能诞生，是为了让人们认识到生命的可贵。为什么哺乳动物比昆虫类动物更在意生命？一方面是因为数量少，另一方面是因为母亲在生产过程中会经历难以承受的痛苦。这份痛苦，让母亲更在意自己的孩子，更看重母子之间的牵绊。

亲人过世，是一堂必修课

导　语

生老病死，是任何人、任何生物都无法逃避的自然规律。

有生，自然就有死。

人的死亡，究竟意味着什么？如果这个人是我们的亲人，那我们又该如何看待呢？

你知道吗？

死亡，是任何人都要面临的，尤其是与你朝夕相处的亲人过世，在情感上会更加难以接受。然而，死亡也是一堂课，如果没有死亡的

小时候，爷爷总是给我讲故事，现在爷爷要永远地睡觉了，我也给爷爷讲个故事吧。

存在，也就无法懂得生存的意义。

　　死亡，是人类肉体最终失去了生命指标，他不再呼吸、不再有自己的思想，更没有喜怒哀乐。然而，没有人能够阻止死亡的到来，也没有办法阻止生命的消逝。在历史上，有无数位帝王都曾经幻想过，能够通过修仙、炼丹等方式寻求长生，但都没有成功。死亡和时间一样，对待任何人都是公平的。

　　如果是亲人离世，你该怎么办呢？首先，亲人之所以是亲人，是因为他们之间存在着情感羁绊，这份羁绊并不以生死来决定。其次，你要明白，死亡本身不可避免，所以才让你更加懂得珍惜生命。正所谓："树欲静而风不止，子欲养而亲不待。"与其惧怕死亡，或者是在亲人离世后后悔，不如学会珍惜和亲人在一起的每一分每一秒。如果亲人离世了，不要辜负他们的期望，更不能因此而颓废下去。

知识链接

　　德国哲学家马丁·海德格尔在其存在论名著《存在与时间》中提出了一个全新的关于生与死的理论——"向死而生"。每个人的人生从出生开始，就已经进入了"死亡倒计时"。或许有人会认为，这种思想过于消极，但如果你具备哲学辩证思维，就会明白，向死而生是为了让我们更好地理解"生"，而不是为了强调"死"。

第三篇

我也是个社会人

什么叫人性？

导　语

　　在看影视作品时，常常能听到这样一句话："故事着眼于探讨人性之复杂，云云。"

　　那么，人性究竟是什么呢？为什么会说它是复杂的呢？

你知道吗？

　　翻开《新华字典》，里面写道："人性，是指在一定的社会制度和一定的历史条件下形成的人的本性。"这是什么意思呢？人性有两个

组成部分，一个是区别于其他动物的心理属性，也就是人在其社会背景下产生的心理认知和反应，比如，规章制度规定每个人什么事情可以做、什么事情不能做，人会在规章制度下产生一系列的心理反应；另一个就是和其他动物一样的心理属性，比如，人也是懒惰的、趋利避害的，等等。

正是因为两种属性同时作用在同一个人身上，而且社会心理属性和动物心理属性常常是矛盾的，故而造成人性之复杂。举个很简单的例子：在路上，你看到一辆汽车发生了侧翻。这个时候，动物心理属性告诉你，这里很危险，要赶快离开；社会心理属性告诉你，你不能见死不救，至少要努力一下。于是乎，你的行为表现是：刚开始听到巨大的翻车声音是好奇地寻找；看到翻车后，第一时间想到的是赶紧跑到安全的地方；跑了几步后，突然想到要承担起社会责任，又跑了回来，一边打电话报警一边准备施以援手……

好奇是动物的本能，逃跑是动物趋利避害的本能，可危难之际仍然愿意在力所能及的范围内施以援手，就是人的社会属性。这些都表现在同一个人身上，自然就会显得复杂。

知识链接

中国古代先贤们对人性有非常全面的分析和思考，粗略分类就有性善论、性恶论、无恶无善论、有善有恶论，等等。西方因为心理学等学科的发展，也曾有过关于人性的思考和分析，并且得到了大众的认可。西方谚语："正因人性本恶，民主是必须的；正因人性向善，民主是可能的。"

人之初，是善，是恶？

　　《三字经》里说："人之初，性本善。" 意思是说，人在刚出生的时候，性格的底色就是善良的。

　　然而，荀子的"性恶论"认为，人在出生之时，还没有学习过社会规则，也没有学习过做人的道理，所以更倾向于动物心理属性。

　　那么，人之初，到底是什么样的呢？

你知道吗？

　　每个婴儿刚刚出生的时候，都像一张白纸，他们还没有接受过任何来自家庭和社会的教育，不懂得人和动物之间的区别，仅是遵从于生理本能，饿了要喝奶，渴了要喝水，困了要睡觉。这个时候，他还不具备"人性"，自然也无从谈及"善恶"。

红灯行绿灯停。

孟子的"性善论"认为，小孩子在刚出生的时候什么都不懂，底色是"善良"的，即便尚末学会约束自己，但内心是柔软的，同理心和共情能力比已经融入社会属性的成年人更强一些，不会压抑自己，能够毫无负担地释放善意。

没有规矩不成方圆。

荀子的"性恶论"认为，小孩子因为不懂得社会上的规则，行动起来毫无顾忌，根本就不在意自己的所作所为对他人造成的伤害。比如，很多小孩都做过用放大镜照射小蚂蚁，导致小蚂蚁被烧死，他们不但不会感到害怕，反而觉得好玩。

无论是哪一种说法，先贤们都有自己的论据，没有必要非要争论孰是孰非，而这些都说明了人性之复杂。

知识链接

孟子认为，人生来即有恻隐、善恶、辞让、是非四种"善端"，扩而充之，便可形成仁、义、礼、智的善性。荀子在《荀子·性恶》中说："人之性恶，其善伪也。"除此之外，墨家提出了"素丝论"："人性如素丝，染于苍则苍，染于黄则黄。"这句话就是将人性比喻为没有颜色的丝线，染上什么颜色就会有什么颜色，和现在的"白纸论"比较类似。

为什么要交朋友？

导　语

你有"朋友"吗？你有没有想过，人们为什么要交"朋友"呢？

有些小朋友会说，朋友就是陪着我玩的小伙伴，我交朋友就是为了大家一起玩耍啊！

有些大朋友会说，老师说，朋友之间要你帮助我，我帮助你。

你知道吗？

朋友，是指志同道合，能够互相帮助、互相支持的人。和亲人不同，朋友之间没有血缘关系，是非常纯粹的情感。人为什么要交朋友呢？是因为要从朋友那里获得帮助和利益吗？

著名哲学家、思想家亚里士多德说："从本质上讲，人是一种社会性动物。"从历史上来说，人类在文明的前期，在狩猎和面对野兽袭击时需要协同作战，个人根本无法抵抗大自然的力量。于是乎，人和人

我们是好朋友，
有好东西要分享。

好朋友要一起进步。

好朋友要为彼此分担心事。

时间、距离都不能改变友谊。

之间就有了情感纽带，变成了并肩作战的"战友"。再后来进入农耕社会，有了邻居和街坊，相互之间形成了互帮互助的风气，交朋友就成了很自然的事情。

人和人之间的关系不再局限于血缘，也能因为友谊而形成情感纽带。在交朋友的过程中，人们能收获到来自除了亲人、伴侣之外的关爱，这本身就是一件温暖的事情。除此之外，交朋友是找到志同道合、能聊得来的人，能让自己的心情愉悦，释放压力；在关键时刻，还能够听取他们的建议，让自己获得支撑；又或者是在做错事、犯错误时，能够得到朋友的批评和帮助，有助于改善自身缺点。

知识链接

　　从生物学角度来看，交朋友对人类也是利大于弊的。人在和好友交谈的时候，身体能够促使内啡肽分泌，这能够让人在心理上释放压力、减轻焦虑，从而感到愉悦。

朋友的本质是什么？

几乎所有人都有朋友，但朋友和朋友之间区别非常大。

在小孩子的眼里，能够陪他一起玩耍的伙伴都能叫朋友；在上学后，朋友则是能够一起说八卦、一起讲课题的好同学；上了班之后，朋友就逐渐增加了"志同道合"的成分，需要能玩到一起、说到一起……

那么，朋友的本质是什么呢？

你知道吗？

在古代，"朋友"是一种非常美好且珍重的关系。因为家族关系而产生的朋友情分，叫世交；无论身份地位发生什么变化都不改变友情的，叫车笠之交；跨越年龄而

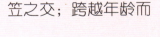

58

产生深厚友谊的，叫忘年交；不在意对方容貌、身体残缺的友谊，叫忘形交；等等。

古人愿意用非常优美的诗句来形容友情，李白写"桃花潭水深千尺，不及汪伦送我情"，王勃写"海内存知己，天涯若比邻"。这些诗人之间的交往，并不在意对方的官职、财富，只在乎对方的才情和品德，以及彼此是否能够惺惺相惜。这就是朋友的本质。

朋友之间，要能够彼此理解和支持。每个人都会遇到困难，朋友之间的援助就显得尤为珍贵。如果你的朋友碰到了解不开的难题，你愿意为他指点迷津吗？朋友之间，要能够分享喜怒哀乐。在高兴的时候有人愿意陪你庆祝，在悲伤时有人倾听你的诉说。朋友之间需要提供这样的情绪价值。朋友之间，要能够相互尊重。每个人都有自己的爱好，或许它们并不大众，但作为朋友，他们不会嘲笑对方，而是懂得尊重对方。朋友之间，要能够指出对方的错误，而不是故意包庇。

知识链接

"刎颈之交"，是指战国时期的廉颇和蔺相如，二人因为廉颇负荆请罪而变成好友。廉颇感动地说："卒相与欢，为刎颈之交。"意思是我和丞相交往非常高兴，愿意和你成为刎颈之交（同生共死）。"莫逆之交"，指的是战国时期子祀、子舆、子犁、子来四个人之间的友情。四个人在一起，常常不用说话，只一个眼神就懂得对方的意思。

人为什么怕孤独？

导语

　　你是否曾经有过这样的瞬间：你突然心血来潮，想要和朋友一起去玩游戏，但是朋友们都有事情去不了，一时之间，你觉得自己好像被朋友们抛弃了；又或者你站在人群中，看着别人都开开心心，突然心里感觉空落落的。这就是孤独感，即便身在人群中，它依然如影随形。那么，人为什么会有孤独感，为什么会怕孤独呢？

你知道吗？

　　孤独，是一种心理状态，也是一种心理体验，是人从主观意识上自觉地与他人和社会产生距离和疏远的感觉。换言之，这是一种感受和体验，并不是客观存在的空间距离。

　　前文中提到的两个生活中很常见的例子：当你想要邀请小伙伴们一同出去玩耍，当你有了这个想法的时候，内心会不自觉地产生期盼，但被小伙伴们婉拒之后，就会感到孤独，因为没有达到心理预期；当你身处人群中，其他快乐的人对你而言是陌生的，你们之间无法产生情感上的共鸣，就会感到孤独。

　　人是一种具有极强的社会属性的高等动物，具体表现为每个人都渴望得到他人的认可，这种认可并不是依据所取得的成绩、所获得的奖项，而是一种主观认可，比如称赞、夸奖等。这种认可恰恰可以转换为融入社会属性，等同于被他人所接纳。于是乎，所有人都害怕自己失去社会属性，和周遭的人产生不了情感连接，内心就会不自觉地

这么热闹的人群里，我不认识他们，
他们也不认识我，突然感觉好孤独啊。

产生恐慌。

　　如何抵抗孤独感呢？要知道，孤独感只是存在于个人心理上的主观感受，并不代表在客观世界里就真的被他人排挤、不被他人接纳。认识到这一点，就能够正视孤独，想要排解它，只要去做有意义的事情就可以了。

知识链接

　　孤独感的产生和环境因素也息息相关，比如有些工作本身就需要在人迹罕至的荒山野岭中进行，戍边战士、考古工作者、地质勘察工作者等都是如此。他们之所以不惧怕孤独，是因为他们深知，孤独是完成任务的基础，只有耐得住性子，才能取得成果。这份使命感让他们不惧孤独。

为什么会觉得委屈？

导　语

你有没有经历过这些情况：

明明自己没有做错，父母却为了顾忌亲戚朋友的面子而训斥你；自己努力做到最好，但付出的辛苦却没有被父母认可；明明已经付出了全部的努力，但没有得到想要的结果，自己还找不出原因……

于是，你觉得心里非常委屈，这种情绪一上来怎么都压不住。人，为什么会感到委屈，委屈后为什么会想哭，又该如何化解委屈呢？

你知道吗？

委屈，是心里感受到难过和伤心的情绪，但和普通的难过、伤心不同，它更多的是受到了不应该有的指责和待遇，并因为这些指责和待遇而心情失落。

人在做一件事情之前，会对结果产生期望。比如，我们努力做好一件事，是为了得到父母的称赞；我们努力学习，是为了在考试中取得好成绩；我们为了朋友牺牲自己的利益，是为了让对方更珍视这段友情。然而，如果做好了事情，父母却表现出理所当然；付出了努力，成绩却原地踏步；我们作出了牺牲，朋友根本就不领情，结果完全不如期望般那么圆满，且自己无力改变，自然就会感到委屈。

如何和委屈的情绪达成和解呢？委屈也是主观认知中的一种比较消极和负面的情绪，它的产生和消解都和自己的心态有直接关系。除

此之外，受了委屈，不要闷在心里，可以换个时间、换种方式说出来。如果是父母因为工作原因忽略了你的进步，可以在父母有空的时候再说一遍；如果是朋友因为某些原因怠慢了你，你可以直截了当地和对方说出自己的感受，对方在意这份友谊自然就会转换相处方式。

知识链接

"委屈"一词出现得非常久远，在《后汉书·郑孔荀传论》中说："岂有员园委屈，可以每其生哉！"很多历史名人都曾遭遇过委屈，但并不是所有人都会沉溺在"委屈"这种负面情绪中而无法自拔。

成绩代表一切吗？

　　曾经有个问题在网络上引起了不小的争议，一名同学发帖问："学生的成绩能代表一切吗？"下面的网友回复也是五花八门：有人安慰学生，认为人品才是一切，如果人品不好，成绩再好也没用；有人鼓励学生，如果成绩不好，就努力发展个人才能；有人责怪学生，认为学生有时间不好好学习，反而在这里浪费时间……

你知道吗？

　　你是否也曾有过类似的疑问：学生的成绩就能代表一切吗？

　　答案当然是否定的！成绩只代表学生在一个阶段里在学习方面所取得的成绩，并不能决定一切。

　　既然如此，为什么几乎每个学生都会在内心深处发出类似的疑问呢？诚然，一次考试成绩并不能代表一个人真正的学习水平，但成绩是表象的，也是老师和家长能直观看到的。所以，成绩的真正作用是考核和衡量。

　　然而，很多人都错误地认为，别人在意成绩就是在意排名、在意分数，并不在意自己的人格和尊严。于是乎，就走进了思维的死胡同，再加上逆反心作祟，便自我认定为是唯成绩论的受害者。

　　成绩究竟代表了什么？客观地说，成绩是某个阶段里学习成果的展现，是各个知识点的考核结果，仅此而已。你不能放大成绩的重要

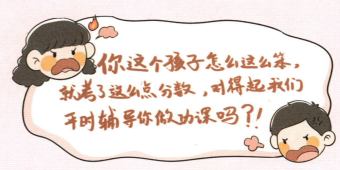

你这个孩子怎么这么笨，就考了这么点分数，对得起我们平时辅导你做功课吗？！

性，认为它可以超越学生应该学习的一切，如品德、个性等；但是你也不能忽略成绩的重要性，毕竟在学生时代，学习才是主要任务。

如果青少年只在乎成绩，忽略了其他方面的培养，就很容易被培养成所谓的"高分低能"；如果忽略的是道德品行方面的学习，更会成为是非不分的"糊涂人"。

知识链接

最早开始以"成绩论"的是中国古代的科举制度，主流观点认为，它起源于隋朝，唐朝逐渐完善，在明清时期达到顶峰。科举制度主要分为乡试、会试和殿试，每级考试的第一名分别叫解元、会元和状元。而殿试的前三名分别叫状元、榜眼和探花。接下来，再根据成绩分出一甲、二甲、三甲。这就是我国最早的考试排名。

为什么小伙伴们总是在争论？

导语

你是否发现有这样一种现象：越是人多的时候，争论就越多？小到学习的知识点、小组作业，大到时事新闻、国家政事，都能引发一场类似辩论赛的争论。你说你有理，他说他有道，谁都说服不了谁……

你知道吗？

在这个世界上，每个人都是独立的个体，他们在精神世界里形成独特的世界观、人生观和价值观，有一套能够自洽的思维逻辑。受这些因素所影响，每个人对待周遭的人和事都会有不同的看法，还会产

生个人偏好。

之所以会有争论，是因为几乎所有人都有表达欲望。如果生活中找不到舞台，人们还会在网络上尽情发言，形成你来我往的争论局面。在相互看不到对方的网络上都是如此，更遑论面对面的时候了。

用《红楼梦》里林黛玉和薛宝钗之间的比较来举例子：A 说林黛玉身体太弱，爱使小性子，天天哭哭啼啼，矫情！B 说薛宝钗整天假清高，表面上和所有丫鬟婆子都搞好关系，但金钏跳井自杀之后态度极端冷漠，虚伪！A 说林黛玉再怎么不好，也是林如海花费精力培养的女儿。B 说薛宝钗明明是四大家族里薛家的掌上明珠，还要进宫去选女官。就这样，A 和 B 展开争论，周围那些同样看过《红楼梦》的人也都会有自己的偏好，C 说史湘云才是真性情，又有才华又耿直，D 说金陵十二钗各有各的好，但在贾宝玉眼里，就林姑娘最好……

其实，很多事情本身就没有所谓的对错，只是看待事情的角度不同、出发点不同，所以才会形成争论。如果遇到的是一目了然、非黑即白的事情，大家只会义愤填膺，而不会形成所谓的争论了。

知识链接

辩论赛是现在高等院校中十分常见的一种比赛形式，一般分为两个队伍，每个队伍各四个人。拿到辩题后，会按照辩论观点分为正方、反方。双方根据自己的辩题方向开始辩论，最终以现场投票来分出胜负。可以说，辩论赛是锻炼口才、逻辑思维、哲学思维非常有效的途径。

"正确"和"错误"都是什么?

导 语

老师总是喜欢用正确和错误来判断考试中的答案,家长总是喜欢用正确和错误来评价孩子的行为,小伙伴之间也会相互评价你的行为是正确的,还是错误的。

那么,什么是正确,什么是错误呢?它们的评价标准是什么呢?

你知道吗?

正确,是符合客观事实、道理或某种公认的标准。反之,不符合客观事实、道理或某种公认的标准就是错误。符合客观事实、道理是指要实事求是、符合事物发展规律,而某种公认的标准则是指大家约定俗成的、得到普遍认可的准则。

中国历史源远

做错事,要说对不起。

我是不小心的,这不是错误。

流长，从古至今，流传下来很多规矩，它不同于法律明令禁止，而是在日常生活、耳濡目染中逐渐被大众所接受和传承的。最简单的就是"礼仪"，每个小孩子都曾经被父母教育过：吃饭的时候不能吧唧嘴；见到亲朋好友要主动打招呼；接受别人的礼物要说"谢谢"；等等。这些规矩并没有被写入法律，也几乎没有形成书面文件，但经过了长时间的传承，它几乎刻在中国人的骨子里。这就是约定俗成的、公认的正确标准。错误，就是不符合这些标准，或者是违反了法律。

很多人会狡辩，认为只要没有明令禁止的，就不算是错误，并且用所谓的"灰色地带"来为自己的错误进行辩解。实际上，正确和错误的标准应该是清晰的，就好比考卷中的正确答案和错误答案一样。我们不能为了给自己开脱，就故意模糊正确和错误的标准。

正确和错误是对应的，如果错误能被模糊，那正确是否也能被模糊呢？当然，错误也分大错、小错，这就是下一篇我们要重点探讨的问题啦。

知识链接

中国第一部法律典籍诞生于战国时期（公元前407年），制定者名叫李悝。但他也不是首创，而是整理了当时各国已经颁布的律法，汇集成册，名曰《法经》，包括《盗》《贼》《囚》《捕》《杂》《具》，共六篇。

"犯错"也分等级吗？

导语

　　每个人都不可避免地会犯错，有的是日常生活中的琐事，有的是学习中的错误选择，也有一些是涉及原则性问题的错误。你是否想过，犯错也分等级吗？

你知道吗？

　　犯错，就是做了错误的事、说了错误的话，并且会根据行为和言语本身划分错误等级。最小的错误是无心之举且没有造成什么伤害；最大的错误是恶意挑衅法律权威。

　　犯错是分等级的，它和年龄无关，和举动

小朋友，你的行为已经触犯了法律，即便你未成年，但还是会追究你监护人的责任。

70

大小无关，只和动机有关，和危害程度有关。很多小孩子都会有这样的误解：我还小，我不是故意的，我就是玩一玩。就连很多大人在替小孩道歉的时候也会先把这些理由摆出来。但错误的等级并不会因此而发生改变，真正能决定错误等级的是对他人造成的伤害，以及错误行为带来的后果。

比如，你在他人背后议论对方，说点八卦，错误等级是一星级；如果是在网络上议论对方，并说了侮辱性词语，错误等级就会增加；如果被转发达到一定量，甚至有可能会被人以损害他人名誉权起诉。看似都是说了不该说的话，但错误的等级有很大区别。再比如，小孩子之间因为争吵而发生打闹，这是很平常的事情，但如果因为打闹而造成了伤害，即使是意外，也要为自己的行为承担责任。

把错误分等级，就是为了让更多的人在做事之前深思熟虑。很多小孩子在做事时没有分清轻重，惹出祸端，要从小给孩子灌输错误等级的观念，让他们在心里产生警惕心和敬畏心。既然犯错避免不了，那就尽量避免犯大错，这就是给错误设等级的真正意义。

知识链接

古人有云："勿以善小而不为，勿以恶小而为之。"这句话出自刘备的诏书，被记录在《三国志·蜀志传》中。这句话是告诫自己的儿子刘禅：不要认为好事很小就不去做，不要认为坏事很小就去做。这也是变相地说，坏事有大有小，要尽量避免，不要放纵自己。

他们说的"道德"是什么？

导　语

　　我们常常会在电视里看到某某某获得了"道德标兵"荣誉称号的新闻报道，他们做了很多助人为乐、舍己为人的好事。那么，什么是道德呢？是否只有助人为乐才算是有道德呢？

你知道吗？

　　道德，是一个非常笼统的概念，在中国社会中，是衡量人的品性的重要标准。具体说来，道德，是社会意识形态之一，也是人类共同生活、活动的行为准则和规范，尽管它没有被写进法律条文当中，但已经深深地烙印在中国人的思想里。

　　中华民族素来是礼仪之邦，"礼仪"自春秋战国时期就开始成为主流价值，而道德就是"礼仪"的产物。后来儒家思想大放光芒，

道德是什么呢？是懂文明讲礼貌的意思吗？

道之尊，德之贵。

72

道德又吸收了儒家思想中"仁义礼智信，温良恭俭让"等内涵，更贴近百姓的生活。

五千多年来，道德已经成为世人普遍认可的社会意识形态之一。可以这样说，中国人有着一套自己的道德评价体系，既是对自己的要求，也是对他人的评价标准。比如，在小区里哪位邻居比较霸道，那么他在这个小区里一定是口碑很差，大家都不愿意和他往来；再如，某个人如果长期欺凌弱小，上不孝顺父母，下不友善兄弟，那他身边的人都会不自觉地远离他……作为新时代的青少年，或许认为那些都是"老古董"，但实际上，道德评价会对生活中的方方面面产生影响。同学的评价、老师的看法、朋友间是否能亲密无间，很多来自第三方的评论都是以道德作为标准。所以，我们不能错误地认为，道德只是自我约束，对其他人没有影响，还是要从自身做起。

知识链接

　　提到"道德"，就不能不提到老子的著作《道德经》。老子说："道生之，德畜之，物形之，势成之。是以万物莫不尊道而贵德。道之尊，德之贵，夫莫之命而常自然。"是将"道"和"德"分开进行论述，道是指自然和人类共同的内在规律，德是指人内在的修为和品行。荀子的《劝学》，首次引用"道德"一词，他说："故学至乎礼而止矣，夫是之谓道德之极。"《史记·夏本纪》用皋陶之语"信其道德，谋明辅和"，也是将"道德"二字连用。

老师总说"集体荣誉感"……

导　语

你是不是经常听老师说"集体荣誉感"这个词？在学校组织的各种活动前，老师总是做所谓的"动员"，让大家为了班集体的荣誉拼搏，取得好成绩。那你有没有想过，为什么学校会努力培养青少年的集体荣誉感呢？

你知道吗？

集体观念的培养，其核心价值在于"团结"，让同学们对所在的集体产生归属感，从中获得成就感，觉得自己被需要，并且在此过程中，让学生懂得团结的重要性。这在青少年的人格培养中是不可缺少的一环。

传统的东方文化体系十分看重集体利益和集体荣誉。早在封建社会时期，通过科举考试进入官职系统的人会根据自己的家乡、师承各自组成一个个团体。而在各个家族的传承中，人们也会因为血缘关系自发地组成小集体。

到了现在，家族已经逐渐被小家庭所取代，青少年的集体荣誉感更多是来自学校的教育和培养。比如，当学生进入新学校之后，会举行军训活动，时间虽然只有一周左右，但能让学生亲身体验军营生活，感受集体荣誉。再比如，学校每年都会举办各种活动，文艺汇演、运动会等，目的是让学生感受为了集体荣誉而奋斗。

为了初二（3）班的荣誉，冲冲冲！

知识链接

　　"集体"一词，是一种组织形式，是拥有相同目标、共同认知的群体，在现如今最常提到的便是学校里的班集体，或是某种根据兴趣爱好组成的兴趣小组。和个人相比，集体中的成员更能够取长补短、互惠互助，更有利于个人成长。

"爱国"，爱的是什么？

导 语

我国有多个"爱国主义教育基地"，也有很多爱国主义活动。亲爱的大、小朋友们，你们是否好奇过：我们为什么要爱国？古代的人也爱国吗？真正的爱国，需要怎么做呢？

你知道吗？

爱国，是一种非常质朴的情感，更是每一位公民的责任。每当我们观看那些先烈为了新中国而浴血奋战的视频片段时，都会心潮澎湃；每当我们看到那些侵略者带给同胞们的苦难时，都会热泪盈眶。这就是最朴素的爱国情怀。

起来，不愿做奴隶的人们……

中华民族历史悠久，既有唐汉时期的辉煌，铸就了强烈的民族自信心，也有清朝末年开始的百年屈辱史，造就了吾辈当自强的使命感。回望历史，中国人从来都没有屈服过，天灾也好、人祸也罢，每一个中国人都不曾向困难和敌人低头。

作为新一代的青少年，我们接受的爱国主义教育大部分来自学校，如升国旗仪式、观看爱国主义影片、组织参观爱国主义基地等。但这些并不足以让青少年真正领会到爱国的核心内容。

爱国真正的核心，是把自己和祖国融为一体，在自己的领域里发光发热，这也是最好的爱国方式。中国人都热爱自己的祖国，这并不是一句空洞的口号，而是落实在实际生活中。比如，在抗击疫情之时，医护人员冲在防疫第一线，货车司机连续几天几夜行驶在高速上，就连外卖骑手也都在为了千家万户奔波着，他们都是平凡的一员，但都在关键时刻尽了自己的微薄之力。

真正的爱国，就是做好手头的工作，不搞形式主义、不好高骛远。学生努力学习，是为了创造更美好的未来。"为中华之崛起而读书"并不是一句空话，而是每一个学生都应该追求的目标。

知识链接

《战国策·西周策》中说："今秦者，虎狼之国也，兼有吞周之意……周君岂能无爱国哉？"早在战国时期，"爱国"这个词就已经出现了。而荀悦在《汉纪·惠帝纪》中说："封建诸侯各世其位，欲使亲民如子、爱国如家。"可见，在古代，爱国就已经成为一种普遍的认识，被大众所认可。

第四篇
时间和空间

时间是永恒的吗？

导语

时间，是看不见摸不着的，如果没有太阳和月亮的交替，我们不会察觉到一天过去了；如果没有手表的提醒，我们不会注意到一分一秒都在不经意间过去了。那么，时间是永恒的吗？它真是世界上最公平的存在吗？

你知道吗？

时间是一个抽象的概念，但它是客观存在的，特指物质的运动、变化的持续性、顺序性的表现。举个简单的例子，一个人从出生到死亡，他的生命是连续的、变化的、运动的，那属于这个人的时间就要从出生第一声啼哭开始计算，直到死亡时心脏停

止跳动而终止。

对于个体而言，时间是相对公平的，它不会因为你贫穷而剥夺你原本拥有的时间，也不会因为你富有而增加你的时间。对于时间，我们需要从辩证的角度去看待和思考。

在中国古代，很多哲学先贤就已经对"时间"有了自己的思考，比如老子。他提出"天下有始"的概念，这里的"始"指的是时间的原点，也是指历史的原点，将时间和历史等结合在一起，形成时间的维度。

随着历史的发展和社会的进步，"时间"这个概念被更多的哲学家、思想家所重视，他们又将时间分为三个阶段，分别是过去、现在和未来。过去代表已经发生的、成为历史的；未来代表即将发生的，充满不确定性；只有现在，是我们正在经历的。这种分类得到了普遍认可，于是乎，"珍惜当下"也成为主流观点。

知识链接

时间还是一个物理概念。在物理学中，时间是一个条件，在很多公式中都有所体现。但是这里所谓的"时间"，只是一个抽象概念，或者说是设定的条件，并不具备真实含义。比如，物理学家罗微利认为时间是可以忽略不计的变量，因为在某些物理过程中，时间的影响可以被忽略。所以，如何看待时间，需要区分从哪个角度出发。

我所在的空间是真实的吗？

你有没有想过，这个世界是真实存在的吗？我们所在的空间是真实存在的吗？

你可能会说，这还用质疑吗？我吃的饭、喝的水、看的书、交往的朋友，难道都不是真实的吗？

在哲学的思想里，这些真实都是建立在空间真实的基础上，那如果空间都是抽象的呢？

你是真的吗？我是真的吗？

你知道吗？

很多科幻影视作品都会有这样的场景：一个人突然发现，自己生活的空间透着各种虚假，于是他怀疑这个世界是虚假的，并努力寻找真相。在这个过程中，他会遇到很多不可思议的事情……

在生活中，我们是否遇到过类似的事情呢？比如，某个名人不幸故去时，总有人在网络上发帖：难道是我记忆错乱了，我怎么记得某某名人已经过世好几年了，还在电视上看到过新闻报道呢！紧跟着，有很多网友也会表示自己之前的确看到过类似的新闻，还以为这位名人早就不在了，这就是"曼德拉效应"。这个专业名词恰恰就是因为大众都发生了记忆偏差，误以为曼德拉早在20世纪80年代就过世了，实际上，曼德拉于2013年故去。

我们所存在的空间，对于个人而言，是真实存在的。但真实和虚幻是辩证关系，不可能跳脱出自己的所思所在去思考。这类哲学思考是辩证思考的方向，并不是让我们彻底推翻现在存在的空间。如果有人非要认为自己所处的空间是假的，要去寻找真实世界，相信在旁人看来，这个人才是不可理喻的。

知识链接

1981年，哲学家希拉里·普特南提出"缸中之脑"的哲学思想实验设想：假设一个人的大脑被分离出来，放置在一个充满营养液的缸中，大脑通过神经末梢与一台超级计算机相连。计算机向大脑提供电子脉冲信号，让大脑能够产生完整的"幻觉"，认为自身处于一个真实的世界中。但由于技术受限，这个实验只停留在理论阶段，直到2021年，有科学家做出了类似的样品，但具体实验结果尚未明确。

有没有"四维时空"？

导 语

我们都知道，平面画作被视为二维，立体画作被视为三维。

我们所在的世界就是立体的、动态的，所以我们存在的这个世界也被称为三维空间。

那你有没有好奇过，有没有四维时空呢，什么是四维时空呢？

你知道吗？

著名科学家爱因斯坦在"相对论"中提出，宇宙是由三维空间和一维时间组成的四维时空。简单来说，三维空间是从上下、左右、前

84

后三个方向确立；四维时空呈时空流动性，被上下、左右、前后和时间四个方向确立。

我们在各种科幻类影视作品中常常看到有智者穿梭时空，完成各种挑战，这就是利用时空的流动性。当然，这些设定在现实中还不可能实现，因为我们的科技并没有达到那么高的水平。

既然如此，"四维时空"的哲思又有什么作用呢？我们换个假设：众所周知，清朝曾实施闭关锁国政策，为近代中国遭遇列强侵略埋下了隐患。如果你可以利用思维时空回到过去，你要怎么做才能避免呢？在现实中，我们当然不可能回到过去，但如果再遇到这样的困境，就知道该如何避险，就知道该如何找到方向。这就是思考的意义。

哲学思考并不是无用的空想，而是要让我们掌握一种规律。如果硬要问有没有"四维时空"，答案是有，它存在于我们每个人的精神世界里，并且充满无限可能。

知识链接

四维空间，学术上称作"欧几里得四维空间"，属于标准欧几里得空间体系，本质是一个数学概念。它借助数学模型，描绘出具有四个维度的抽象空间结构，多用于数学推演和理论研究。而爱因斯坦在相对论中提出的"四维时空"，是极具影响力的物理学概念。它将三维空间与一维时间有机世界里，对解释宇宙运行规律、天体物理现象等有着重要意义。

为什么要学习历史？

导 语

中国是一个历史悠久的国家，从夏朝开始算起，至少已有五千年的历史。

那你有没有想过，早在几千年前的夏、商、周，和我们有什么关系呢？我们为什么要学习历史呢？

你知道吗？

历史，广义上是指所有客观事物运动和发展的过程，并不仅局限于人类，比如自然史、某种动物史等；狭义上是指人类社会史，一般都是某个国家某个时期的历史。放眼整个世界，中国是唯一一个从古至今没有断代、始终延续的古文明，根本原因就在于我们十分重视历史的传承。

或许很多人都有一种误解：历史就是已经发生的事件，学习历史就是背诵知识点和历史意义，并无其他用处。这种观点非常狭隘，并不准确。

首先，历史告诉了我们，我们从哪里来，为何会有凝聚力，有哪些相同的国家民族的特性。其次，历史告诉我们，过去有什么经验教训，遇到过什么困境，该如何找到最优解。最后，历史告诉我们，我们要到哪里去，实现哪些终极目标。

在哲学领域，历史延伸出"历史观"概念，这也是世界观的组成部分，历史观和世界观的关系是相辅相成、相互制约的。其中，对近

代中国影响最大的是马克思主义哲学提出的"唯物主义历史观",如"社会存在决定社会意识""生产力和生产关系之间的矛盾""经济基础决定上层建筑"等。如果感兴趣,小朋友们可以重点去了解一下。

知识链接

　　中国第一部编年体史书是春秋时代著名的思想家、教育家孔子所编的《春秋》;第一部断代史是东汉时期班固所著的《汉书》;第一部纪传体通史是西汉时期司马迁所著的《史记》;第一部编年体通史是北宋时期司马光主持编撰的《资治通鉴》。

历史也有规律吗？

导 语

你们肯定听到过这样一句话：历史，有它的偶然性，但同样也有必然性。

偶然性，很容易理解。

那必然性又是从何而来呢？实际上，这就是历史的规律。

你知道吗？

古人有大智慧，说"水满则溢，月满则亏""合久必分，分久必合"。很多人都觉得，这说的是自然现象，或是事态发展，但实际上，这些都是历史的发展规律，也被叫作"历史法则"。

纵观中国古代的朝代更迭，就不难发现，尽管每个朝代的兴起和灭亡并不相同，但整个朝代的走向几乎都呈现出波浪形，也有极个别的（如二世而亡的秦朝和隋朝）是急转直下。这也就表明，无论是哪位皇帝开创的朝代，都逃不出创造辉煌、由盛转衰、力挽狂澜、无力回天等几个阶段。换句话说，历史的规律最重要的一点便是重复性。

既然历史有重复性，为什么不努力避免呢？历史的书写并不是每一天、每个月、每一年的笼统记载，而是一个事件、因此而引发的影响，再到后来所牵扯出来的事件。这些影响和事件甚至是有预见性的，却无法避免，因为在历史的洪流面前，个人意志并不足以改变。

再者，能够被称为历史的，绝不仅仅涉及某个层面，如底层百姓、官员小吏，而是全阶层、全方位的影响。这种层次性也决定了历史的规律很难被改变，可能上层愿意改变，但底层百姓根本就无能为力，也有可能是底层百姓愿意改变，但上层既得利益者却不愿意放弃自身利益。

除此之外，历史的规律中也有偶然性，即偶发事件，甚至有可能因为偶发事件带来震动，从而影响全局。

找出历史规律、了解历史规律，是为了让我们能够拥有全局观，更好地规划未来。

为什么有的朝代仅二世而亡？

为什么所有的朝代最终都走向灭亡？

老师说，历史有它的规律性，又是什么意思呢？

知识链接

中国最大的历史规律就是分久必合、合久必分，这是因为自秦始皇统一六国、建立大一统国家之后，车同轨，书同文，为中国奠定了作为大一统国家的基础。故而，在此之后，任何一个统治者都愿意为"大一统"而付出努力。

文物告诉我们什么？

导 语

　　中国国家博物馆和各省级博物馆都收藏展示着无数文物，其他各个国家也都有自己的博物馆，同样展示着属于那个文明的文物。为什么几乎所有有悠久历史和文明的国家都会将文物展示出来，它们向世人展示的仅仅是美丽的外观吗？

你知道吗？

　　如果你经常旅游，国家博物馆也好，各个省、市级的博物馆也罢，都是当地最不能错过的旅游景点。尤其是学校、老师和家长也都更愿意让孩子去博物馆里参观，以增长见识。文物为什么能够代替课本？那是因为它不仅是某段历史的见证，更是中华文明的传承。

　　我叫后母戊鼎，来自商朝，距今已有两千多年的历史。

文物，对于一个文明、一个民族而言，有着非常深远的意义。考古学认为，如果光有历史文献却无实物佐证，那这段历史的真实性和准确性就会被质疑。文物的存在，是将史书上记载的历史真实地呈现在世人面前，让文明的璀璨大放光彩。

我叫青铜大面具，出土于三星堆遗址，距今已有三千多年的历史。

中央电视台曾经推出过一档节目——《典籍里的中国》，最让观众动容的便是主持人和各个演员扮演的古代名人穿越时空的对话。同样，我们欣赏博物馆中那些展示的文物，阅读其背景，了解其出土和修复的过程，就是透过时空与古代匠人、文人对话：文明可以打破时空的界限，可以穿越千年。

知识链接

20 世纪 80 年代，国家文物局为了加强文物保护和管理，专门设置了国家级文物鉴定机构——国家文物鉴定委员会。在评定后，专家将所有文物分为一、二、三级，最高级别的一级文物又分为甲、乙两个等次。其中，只有一级甲等文物，才可以被称为"国宝"，如后母戊鼎、马踏飞燕、越王勾践剑等。

背诵古诗的意义何在？

导　语

上学时你一定背诵过：

日照香炉生紫烟，遥看瀑布挂前川。

锄禾日当午，汗滴禾下土。谁知盘中餐，粒粒皆辛苦。

……

你是否想过：我们为什么要背诵古诗呢？意义何在？

你知道吗？

在中国文学中，唐诗、宋词、元曲、明清章回小说都是古典文学中的瑰宝，且每种类别都各有其翘楚。唐诗和宋词因为篇幅短小、意境深远，更是成为青少年的必背功课。

为什么我们要背诵古诗呢？如果只是死记硬背，不了解诗词中的韵味，的确会觉得非常痛苦，因为有些语法和现代汉语有所区别，也有一些是诗人的巧妙构思。想要更轻松地背诵古诗，就要先了解中国人的处世哲学和文学思想，只有这样，才能了解诗人在创作诗词的时候为何要那么写。

中国人的情感是比较含蓄的，不会轻易外露。就拿《悯农》举例，作者李绅看到农民非常辛苦地种地，他要歌颂劳动人民，也感慨粮食来之不易，"锄禾日当午"是表示他看到的情景，"汗滴禾下土"一句表现了农民的艰辛，"谁知盘中餐，粒粒皆辛苦"是看到这个情景后的思想延续。没有种过地的食客根本就想象不出种地的艰辛，所以不懂得珍惜粮食。

背诵古诗，让我们更直观地感受汉语言的魅力，感受中国人的处世哲学。并且，古诗词的文字几乎毫无修改，经过千百年的时间，仍然原汁原味地传达给后来人，这是非常难得的。我们可以穿越千年，和古人吟唱同一首诗歌，还有什么比这更浪漫的呢？

背得真好。

君不见，黄河之水天上来。

奔流到海不复回。

知识链接

我们常常听到"唐诗三百首""宋词三百首"，然而，"三百首"只是优中选优，并不是全部。《全唐诗》一共收录了四万八千九百首唐诗，《全宋词》一共收录两万一千零五十五首，当然，这只是被记录下来的，还有很多已失传的。

了解中国最传统的哲学思想——道

导　语

众所周知，中国的传统宗教是道教，文化派别中也有道家思想，那么"道"究竟是什么呢，后来的传承又变成什么样子了呢？

妈妈，那个老人是谁？

那是道家思想的创始人，叫李耳，也被称为老子。

是那个道可道，非常道的老子吗？

三清殿

你知道吗?

在成为文化派别和宗教之前,"道"首先是中华民族为认识自然为己所用的名词。提出者是道家学派的创始人老子,他说:"道可道,非常道。"这里提到的"道"指的是道理,既指大千世界运行的规律,也指人需要遵循的自然法则。

春秋时期,周朝王室日益衰败,导致各诸侯国伐交频频。在这种背景下,老子开始思考人和自然之间的关系,思考人和人之间的关系,将道、天、地、人并称为四个维度。老子曰:"人法地,地法天,天法道,道法自然。"这也是中国文化思想的基本架构。在之后的几千年里,各个时期、各个流派的思想家,都是在这个框架内不断丰富自己的思想。

在道家的哲学思想里,辩证法是其中非常重要的组成部分。老子认为,世界上的任何事物都是相比较而存在的,美丑、善恶、难易等,都是相对应的,如果没有美,就没有丑,没有善就没有恶。在几千年之前,老子就已经提出了辩证法,相较于西方哲学,时间要早很多。

知识链接

老子,姓李名耳,字聃,一字伯阳,是春秋时期著名的思想家、哲学家、文学家和史学家。在道家思想中,老子也被认为是老君的化身,被尊为太清道德天尊,在很多道观的三清殿中,都能看到被供奉的太清道德天尊像。

人和动物如何和谐共处？

导 语

地球，并不仅仅是人类的家园，更是地球上所有生灵生存的场所。

这里所说的生灵，包括所有的动物、植物、微生物等，它们都是地球的组成部分。

然而，人类的生产力发展到一定阶段，势必会影响整个地球，我们又该如何取舍呢？

你知道吗？

我们经常看到环保的公益广告：地球是所有生灵的家园，人类作为食物链的顶端，绝不能肆意妄为，要找到和其他动

那是因为人类活动破坏了它们的家园，所以我们要爱护大自然，给所有小动物们一个家。

妈妈，这么可爱的大熊猫为什么会濒危了呢？

物和谐相处的方法。很多人以为，这是一个很简单的问题，不去破坏自然环境就可以了。但实际上，人类的很多活动已在不经意间破坏了生态环境。

生产力的发展离不开工业，而工业运转本身需要消耗大量的自然资源，同时还会产生大量工业废料污染环境。如此一来，其他动物的生存领地要么被人类所占据，要么因为工业而遭到污染，这些都是无可辩驳的事实。

在中国传统哲学思想中，有很多先贤都思考过，人类和动物之间的关系到底是什么。比如庄子，他曾说过"道通为一""万物一齐"，意思是说，天大地大，所有的生物都是同等的，人和动物都是一样的，没有什么区别；"天地与我并生，而万物与我为一"，意思是说，世间不仅有天地，还有万物，而这万物，和我们都是一样的。

从古代哲学先贤的思想不难看出，在自然面前，人和动物都是一样的，都有生存的权利。想要做到人类和动物和谐相处，首先要从思想上重视起来。尽管人类的智商和生产力比其他动物要高出很多，但也不能肆意妄为。最简单的例子，人类为了发展，曾经大量砍伐树木，过不了几年，就出现了沙尘暴肆虐的现象。

知识链接

人类和动物和谐相处，是目前很多动物学、自然学界的主流命题。人类的发展离不开工业，也离不开工业活动，破坏大自然是难以避免的。那么，就需要有动物学家、自然学家根据各国情况，提出具体方案，如建立自然保护区、严禁捕猎、有计划地种植和砍伐树木，等等。

食物链是怎么来的？

导语

学过生物学的人都听说过"食物链"这个词。从表面上看，这是从所有动物进食的规则总结而来，体现出各个物种之间的关联性；从深层次看，食物链更是把地球上所有的生物都进行了一个基本的串联，并从中梳理出具体关系。

你知道吗？

根据动物的特性，我们经常会把它们区分为：食草动物、食肉动物和杂食动物。这种分类的标准就是按照它们的饮食范围，也能够以此来看出食物链的分配。比如，牛、马、羊就是食草动物，狮子、老虎、豹子是食肉动物，在食物链上，狮子、老虎、豹子就在牛、马、羊之上，而杂食动物基本上就在两者之间或两者之上。

如果从动物学领域的角度来看，食物链只是表现各种动物的进食习惯和在自然界的地位。如果从大科学和生命哲学的角度来看，食物链要表达的是地

球上能量的转移。

在哲学思想中，世间万物都是有能量的。小草虽然普遍且脆弱，但它吸收了太阳和土地的能量，茁壮成长；牛羊吃了小草，从小草中获取了能量，这是第一层转移，再加上自身吸收水分，成为自身的能量；狮子也好，人也好，通过吃掉牛、羊获取属于它们的能量，这是第二层转移……在所有的能量转移过程中，参与者（牛、羊、狮子、人）都会排出粪便，最终落入土地，被分解为滋养小草的肥料，形成了闭环。

食物链所体现的，绝不仅仅是谁吃掉谁那么简单，而是在阐述能量的转移，并最终形成循环。如果没有循环，能量就只能聚集在食物链的最顶端，那种链接关系是单向的，最底层的生物最终会枯竭而亡，成为破坏食物链的根源。

知识链接

1927 年，英国生态学家埃尔顿出版了一本叫《动物生态学》的著作，他在书中首次提出食物链、食物网等概念。这本著作标志着动物生态学学科的建立。后来，美国生态学家林德曼将食物链的概念进一步确立和发展，将众多动植物与人类联系起来，分析出各种食物链，并以太阳能为主线贯穿，提出了"能量流转"的概念。

为什么要爱护地球？

导 语

　　在我们小的时候，老师就告诉我们，要爱护地球，爱护地球就是爱护我们的家园。

　　那么，我们要怎么做才算是爱护地球呢？

你知道吗？

　　地球是围绕太阳运转的一颗行星，根据科学研究，地球已经存在了约四十六亿年。地球上曾经出现过无数动植物，如恐龙、三叶虫等，它们都因为自然原因灭绝了。直到几十万年前，地球上才出现了远古

人类的身影，直到现在，人类成为地球的唯一主宰。但这绝不意味着人类占据主动权，因为地球上的环境才是人类唯一能够生存的空间。

我们看过很多科幻电影，人类因为自己的活动导致各种自然灾害频发，最终出现不适合人类生存的极端气候和灾难，如极端寒冷、极端炎热、大规模龙卷风，等等。人类直到那个时候才懂得，在自然力量面前，自己是多么渺小。

从浅层次来说，纵观整个宇宙，只有地球提供了充足的氧气和光照，才能让动植物生存下去，人类有了阳光、水源和食物，才能存活。保护地球，就是保护人类的生存空间。

从深层次来说，人类发展了数千年，造就了无数文明。然而，四大文明古国中，唯有中华文明传承至今，从未间断。再看其他古文明，如古埃及、古巴比伦，有多遗憾和唏嘘呢？所以，保护地球，也是在保护人类文明的火种。

知识链接

地球，是太阳系中距离太阳约 1.5 亿千米的第三颗行星，也是人类已知的唯一孕育和支持生命的天体。地球上最早出现的生命体是细菌（古细菌），然后进化出光合作用的能力，可以将太阳能转换成化学能并释放氧气。后来，地球上出现了各种生命体，也经历了五次生物集体灭绝事件，最终进化成现在的自然环境。

什么叫共情?

导　语

当我们看到特别可爱的小动物，如小猫、小狗忍饥挨饿的时候，心里总会觉得很难过；看到其他人遭遇危险，总会不自觉地感到揪心；看到那些英雄们冲锋陷阵，又会感到振奋……这就是共情。

你知道吗?

鲁迅先生曾说："人类的悲欢并不相通。"但这只是他基于人性一针见血的评价，并没有考虑生理和心理的具体情况。绝大多数人都具

有一定的共情，即同理心。

什么叫同理心？这是人类特有的一种心理活动。人类可以代入他人角色，投入个人情感。比如，在寒冬里，你看到一个衣着单薄的人浑身打着哆嗦跑进地铁，你也会情不自禁地打个哆嗦，但实际上你穿得很厚实，一点也不冷。这是因为你代入了对方的角色，替他感到寒冷。

人的同理心不仅能作用在人身上，也能作用在其他动物身上。比如，2023年，大熊猫丫丫在美国孟菲斯动物园的状态非常差，很多人看到后纷纷在网络上留言，都在替丫丫担心。

很多人以为，共情是现代心理学才出现的专业名词，其实这个词在很多古人的文章中也能看到，如"先天下之忧而忧，后天下之乐而乐"，这是中国儒家思想中强调"修身、齐家、治国、平天下"的具体表现，这又何尝不是儒家学子对天下百姓的共情呢？

共情能力，是人类对大自然、对整个社会的情感投射。不可否认，有些人在这方面的能力比较弱，所以显得冷漠和凉薄。但更多的人还是会对自己更关心的领域投射同理心，青少年在成长的过程中，也需要培养同理心，不以善小而不为，不以恶小而为之。

知识链接

共情和同理心目前被广泛应用于心理学领域，这个概念的提出者罗杰斯是人本主义的创始人。人本主义是一种从生物学的角度解释人的形而上学的学说。然而，在后来的发展中，共情被更多的精神分析学者所采纳，成为心理学的专业术语。

第五篇

高度和广度

宇宙的本质是什么？

> ▶ 导 语

相信很多人都曾看过宇宙的概念图，在浩渺的星空中，无数颗大小各异的星星、星群组成了整个宇宙。那么，宇宙这个概念到底是什么呢？它的本质又是什么呢？

> ▶ 你知道吗？

宇宙，是一个非常大的概念，它是所有空间和时间（即时空）的总和，包括时空所蕴含的能量和时空中所有的星系团。这个概念被广泛地应用在物理学中。随着人们开始探索外太空，宇宙的概念也随之

宇宙，到底是什么呢？

具象化。

从哲学的角度来看，宇宙这个概念尚属于抽象范围，很多哲学家都就此提出过自己的观点。老子在《道德经》里提出的"道"实际上就是一种宇宙观，"道"是宇宙的本源，也是万物生长和变化的法则，强调了宇宙的无限性、统一性、变化性和流动性。这对后世中国传统哲学思想产生了深远的影响。

除此之外，还有西方哲学家提出了更多关于宇宙的哲学思想。比如，物质论认为，宇宙的所有事物都是由物质所构成的，所以宇宙的本质是物质；意识论认为，宇宙中所有的事物都是某种形式的意识和感知能力，所以宇宙的本质是意识；信息论认为，宇宙中的所有事物是依靠信息来传递的，所以宇宙的本质是信息……

不论是中国传统哲学认为的"道"，还是西方哲学中的各种观点，都充分说明，宇宙是非常广阔的，它的本质也是复杂而深奥的，不同的人、不同的流派有着不同的认知。但随着科技的进步和发展，相信人类对宇宙也会越来越了解。

知识链接

在许慎的《说文解字》中，"宇，屋边也""宙，舟舆所极覆也"，这是将"宇""宙"两个字分别进行了解释和阐述。在中国古典文献中，第一次将"宇宙"二字连用的是《庄子》："旁日月，挟宇宙，为其吻合。"意思是说，宇是指一切空间，宙是指一切时间，合在一起就是一切时空。可以说，这种思想已经非常超前了！

宇宙到底有多大？

宇宙之浩瀚，无穷无尽也。

你是否想过，宇宙到底有多大，它有边界吗，人能够意识到宇宙有多大吗？

你知道吗？

宇宙，在各个领域中都有自己的定义和内涵，它被广泛应用于天文学、物理学、哲学等多个领域。在各个领域中，宇宙的大小也有一

定的区别。没错，它的答案是非常复杂的。

在物理学和天文学领域，专家和学者们通过研究和计算，目前得出的结论是，宇宙的直径约为 930 亿光年。当然，这只是目前人类可以预测和计算出来的部分。多重宇宙论的学派认为，计算出来的宇宙大小也只是多重宇宙的组成部分之一。

而在哲学领域中，人们认为，宇宙是无穷大的。佛教创始人释迦牟尼认为，宇宙是一个无限的存在，并称其为"三千大千世界"，这里的"三千"是个虚数，表示数量无极限，"大千"表示广大到无边无际。道教创始人老子认为，宇宙是无限大的，大到可以衍生出万物。而在西方哲学家的哲学理论中，我们也可以看到类似的观点。亚里士多德就提出，宇宙是一个潜在的可计数无穷大的概念。

知识链接

关于宇宙，目前最主流的说法是"大爆炸"宇宙论，它是现代宇宙学中最有影响力的学说。1927 年，比利时天文学家、宇宙学家勒梅特提出了这个理论，两年后，美国天文学家哈勃根据这个理论提出了哈勃定律。这个理论主要是说，在爆炸之前，物质是以电子、光子和中微子等形式存在，宇宙爆炸后的不断膨胀，导致温度和密度极速下降，物质最终形成原子、原子核和分子，并组合成气体，气体又逐渐凝聚成星云，星云进一步形成各种各样的星系……宇宙就这样形成了。

为什么要仰望星空？

导　语

仰望星空，你会看到什么？

有人说，那还能看到什么，能看到满天的星星啊！

真的如此吗？

你知道吗？

白居易在《长恨歌》中写道："迟迟钟鼓初长夜，耿耿星河欲曙天。"意思是，深夜来临，钟鼓被敲击出声响，长夜漫漫，他就这样听着钟鼓声，看着星空，时间流逝，随着星河的变幻，天就要亮了。白居易一边听着钟鼓声，一边仰望星空。

相信很多人都有过类似的经历，在某个晴朗的夏夜，仰躺在阳台或屋顶，看着星空发呆。那时候，我们都在想什么呢？可能是在想自己的梦想，可能是在想今天过得不错，亦有可能只是在神游。当人们仰望星空的时候，看到星空之浩渺，精神世界会无比放松，思绪也会更开阔，不由自主地会陷入思考。

仰望星空不仅是一种美好的体验，更是一种思考和探索的方式。在人类发展历史中，我们对宇宙、天空的好奇从未停止，探索的步伐也从未停止过。古人为了征服天空，发明了木鸟、风筝；为了探索天空的奥秘，发明了浑天仪。如果他们没有仰望天空，人类又如何能够进入飞行时代呢？

可以这样说，仰望星空能够激发每个人内心的探索欲，也能够消除生活压力。所以，如果有时间，不妨放空心境，仰望星空，寻找自己的未来吧。

知识链接

人类探索星空的脚步从未停止过。古代，人类探索星空更多的是在天文学领域，并且根据对星体的研究，将星空分为二十八星宿和四象，除此之外，还命名了三垣，即紫薇垣、太微垣和天市垣。

天有多高？星星有多少？

一颗、两颗、三颗……

什么是"文明的火种"？

导语

　　我们听说过很多种文明，比如按照地理位置划分的华夏文明、印度文明、埃及文明等；又如按照生活方式划分的农耕文明、游牧文明、渔猎文明等。有很多文明已经成为过去，被陈列在博物馆内，那些能够传承下来的文明，究竟是依靠什么呢？

你知道吗？

　　文明，是指人进化脱离了动物与生俱来的野蛮行径，用智慧建立了公平的规则社会，并由此而衍生出各种文明产物，如文化、艺术等。真正能够将文明传承下来的，是文明的火种，只要火种不灭，文明就能传承下去。

　　星星之火，可以燎原，文明的火种就可以形成燎原之势，中华文明亦是如此传承下来的。上下五千年，中华民族也曾遭受过无数次天

灾人祸，如饥荒疫病时期、日本侵略中国时期。但每逢危急时刻，总会有很多仁人志士挺身而出，延续中华文明的火种。这也是华夏文明能够传承至今的根本原因。

如果没有人类，文明将毫无意义，甚至在几年、十几年之内就会在风雨中成为一堆废墟。纪录片《人类消失后的地球》就曾经演绎过这般景象。可如果人类没有文明，也会失去所有的光芒，退回到茹毛饮血的原始社会。

人类创造了文明，也因为文明而过上了更幸福美满的生活，继而再创造出新的文明、传承古老的文明。

知识链接

《文明的冲突》一书中，作者塞缪尔·亨廷顿将目前世界的文明分为了八大文明：中华文明、日本文明、印度文明、伊斯兰文明、西方文明、东正教文明、拉美文明、非洲文明。在图书出版之后，有人指出，西方文明和拉美文明同出一处，应该属于同一种，故而又有"七大文明"之说。

物种灭绝和进化的关系是什么？

导　语

众所周知，地球经历过几十亿年的光景，从最初的一片汪洋到现在，出现过无数动植物，但也有很多因为无法适应自然变化而灭绝，其他物种为了适应自然，不断进化。你有没有想过，为什么有的物种能够进化成功，而有的物种却走向灭绝呢？

你知道吗？

大熊猫是中国的国宝，这个看似圆滚滚、很会卖萌撒娇的大团子，实际上，早在八百万年前，就在这片土地上生活着。很多古书中都记载，它叫食铁兽，是一种非常凶猛的野兽。根据对熊猫化石的研究，它曾经是肉食动物，后来因为自然环境发生了变

有多少动物已经彻底消失了呢？

化，才逐渐进化成以竹子为主的杂食性动物。也正是因为这种进化，才让熊猫繁衍至今，成为"活化石"。

地球的环境会不断发生变化，并且会随时面临台风、暴雨、山火等自然灾害，反应迅速且能够快速适应的物种就能抵抗住灾难，身形庞大或行动缓慢的动物就很难适应。然而，自然灾害只是一个开始，它会引发"蝴蝶效应"，让大自然发生天翻地覆的变化。比如，鲸鱼曾经是陆地上的动物，因为陆地变化太大，才开始进入海洋生存，也有和鲸鱼同一时期的陆地动物不能适应变化，便灭绝了。

可以这样说，"进化"是动植物为了适应自然而改变自己的能力，但这种能力不是所有物种都具备的。正如达尔文在《进化论》中提到的"物竞天择"，这就是大自然给所有物种摆出的难题。

知识链接

距离现在最近的、被证实已经灭绝的中国特有动物是中华白鲟。它是中国特有的大型濒危珍贵鱼类，2003 年 1 月，是人们最后见到它身影的记录，此后二十多年，都未再发现它的踪迹。2022 年 7 月 21 日，世界自然保护联盟发布全球物种红色目录更新报告，宣布中华白鲟灭绝。

什么是"进化"？

导　语

　　进化，在很多科幻电影、电子游戏中常常被提及。但很多人以为，进化是远古时代才会出现的，但实际上，现代社会的我们也在不知不觉地发生着进化。那么，进化到底是什么呢？

你知道吗？

　　进化，又被称为演化，在生物学领域，是指物种的遗传性状在一代又一代的繁殖过程中的变化。但是，无论是人类还是动物，都是由基因排列所组成。基因既稳定又不稳定，现代人的基因也会悄然发生改变，只是进化十分缓慢，需要几代人甚至几十代人才会有所显现。

进化，是动植物被动进行的，一方面是为了适应地球上不断变化的自然环境，另一方面是因为受到病毒侵袭或其他因素而改变了自身的基因序列。很多科幻电影里都有类似的情节：主人公在科学实验室里受到不知名的病毒侵袭，最终发生了变异。这些都是电影里的情节，但也表明动植物在遇到病毒侵袭后，会有一定的改变，但这种改变并不会快速显现，过程十分漫长。

除此之外，动植物也会主动进行进化，最典型的就是人类的阑尾。阑尾是所有哺乳动物都存在的一个器官，但人类在经过数百万年的进化后，阑尾逐渐缩小，只要不感染发炎，对人体已经没有多少影响了。

进化是不以人的意识为转移的，无论我们是否愿意，只要存在于自然环境之内，就不可避免，也无法逆转。

知识链接

英国生物学家、博物学家查尔斯·达尔文撰写过一部《物种起源》，书里面提出了"进化论"，其中包括"物竞天择""适者生存""基因变异"等概念。可以说，这本书不仅开创了生物学发展史的新纪元，还引起了人类思想的巨大变革，在世界历史进程中有着广泛而深远的影响。故而，达尔文也被称为"进化论的奠基人"。

什么是"因果论"？

你一定听过这样一句话："种什么因，得什么果。"

因是起因，果是结果。但同样，结果也会引发新的结果，于是，它又成了新结果的因。这就是因果循环。

你知道吗？

因果论，又被称为因果定律，是指任何事情的发生，都有其必然的原因。故而，有人说："有因必有果，有果必有因。"

很多人认为，因只是原因，果只是结果，两者之间不可变化。但事实上，因果也是相对的。因为 A 起因，引发了 B 结果，可 B 结果也会变成 B 起因，从而引发 C 结果。世间上的事大抵如此。

举个简单的例子，一个小孩期中考试的时候考得不好，成绩不理想，于是开始

奋发图强，努力学习，终于在期末考试中取得好成绩。期中考试的成绩是因，期末考试的成绩是果。但对于第二个学期而言，期末考试的成绩也会变成因，如果小孩自满了，不再继续努力了，下一学期期中考试的成绩很可能又会下降；如果小孩受到激励，继续努力，期中考试还会保持较好的成绩。

任何事情的发生都不是凭空出现的，一定有其原因，任何人的失败和成功也不是没有理由的。古人就说，失败乃成功之母，善有善报、恶有恶报等，还有很多关于如何面对失败的智慧警言，都是传世名言。

这是我自己种下的花，终于开花了，我要给它起个名字。

知识链接

　　佛教中也有"因果论"。它说人生有八苦：生、老、病、死、爱别离、怨长久、求不得、放不下。世间的一切皆有因果，一切有为法，故而劝人积极向善，种善因、结善果。

人类的未来在哪里？

时间无法停止，人类也在一代又一代地成长、发展。

年轻的你们是否想过，人类的未来会在哪里，未来的人类又会变成何种模样？

你知道吗？

几千年前，尚处在农耕时代的农民根本不敢想象，未来的人类能够过上不用自己种地也能有粮食的日子；几百年前，处在资本主义萌芽时期的商人根本不敢想象，未来的人类已经消除了海禁，可以自由贸易；一百年前，尚处在战火中的中华人民根本不敢想象，未来的居民可以衣食无忧，人人平等。

未来，要是能吃饱穿暖就太好了。

人类的发展主要分为几个方面：经济、科技、社会等。经济越发展，对科技和社会的发展就能够投入得越多；科技越发达，社会就越

120

稳定、越安康；社会稳定，经济才能有发展的沃土。三者之间相辅相成。

未来，要是能有瞬间转移就好了。

人类未来能够发展到什么阶段，取决于经济、科技能发展到什么程度。早在几十年前，"万元户"都十分少见，可现如今，万元已经不再是个大数目了；曾经小轿车属于极端奢侈的产品，现如今，汽车已经成为每个家庭的必备品；之前看过很多科幻电影，里面的无人驾驶现如今也实现了……

再往后呢？人类的发展要依靠科学家的想象力，依靠制造者的技术。我们不能束缚自己的思想，要开阔思路，并找到实现它的方法。如此，人类的未来才能不断发展。

知识链接

现如今，哲学领域提出了一个新的概念，叫"未来哲学"。意思是说，人类已经进入了一个新的时代，新的时代亟需一种新的哲学。这也成为新时代的新学科。

什么是有舍才有得？

我们常常听到这样一句话：舍得，舍得，有舍才有得。

你有没有想过，为什么得到的前提是舍去呢，那我们要舍去什么呢？

你知道吗？

舍得，是中国古代先贤们的智慧和哲思。顾名思义，"舍"是舍去、放弃，"得"是得到、获取。那么在实际操作中，舍去的是什么？

得到的又是什么呢？通透之人，舍去的是负担和不重要的虚名，得到的是更在意的人和事。当然，也有的人因为过分在意得失，最终失去了很重要的人和事，只换来片刻的满足。

古代先贤们又是如何看待舍得的呢？在老子看来，"舍"是无为，"得"是有为，即"无为而无不为"。意思是说，遵循法则，舍就是得。佛家也有相同的思想：舍就是得，得就是舍，如同色即是空、空即是色一样。儒家思想相对更世俗一些，他们认为，"舍恶以得仁，舍欲而得圣"。正如《了凡四训》中说，"舍得"者，实无所舍，亦无所得，是谓"舍得"。

无论是哪种思想，舍和得之间，都是辩证的关系。舍可以转换成得，得也可以转换成舍，它们之间的关系并不是非黑即白，泾渭分明的。如何定义"舍得"，取决于个人的选择和意志，至于结果，也需要个人来承担。

知识链接

舍，看似是失去，是错过，但对于整个人生而言，亦可以是获得成长，是增长经验；得，看似是得到，但从长远来看，也可以变成失去。正如老子所言："将欲取之，必固与之。"鲁达基说："有取有舍的人多么幸福，寡情的守财奴才是不幸。"

想象力是什么?

导　语

插上想象的翅膀，你可以抵达任何地方。
亲爱的朋友们，你们想象过什么让自己印象深刻的画面呢?

你知道吗?

　　想象力，是人类独特的能力，是根据个人认知在大脑中描绘出图像的能力。如果非要具象化，那想象力就像是神笔马良手中的画笔，能够在脑海中绘出各种各样的画像，这画像不仅包含图像，还能包含气味、声音等。

　　从生理学来说，想象力是右脑的形象思维能力，它能够在大脑认知的基础上进行一定的创新，形成新的图像。这种能力和个人阅历有很直接的关系：年龄越小，想象力越发散、越天马行空；年龄越大、经历的事情越多，想象力反而越不足。

　　而在哲学领域中，想象力是介于感性与知性之间的中介性能力。哲学家亚里士多德提出这样一则公式：图像→图示→想象力中介功能。简单来说，人们在大脑中构建图像，通过图像和自己的认知感受到它的示意，再通过联想形成关系。他认为，想象力中的图像是感官层面经过多重过程的结果。而哲学家康德认为，图像就是想象力根据自身意识派生出来的图示。

　　想象力由何而来?举个简单的例子：在飞机没有发明之前，很多人也都曾经幻想过，如果人能像鸟一样飞翔该有多好。于是，一些科

124

学家就想，人想飞起来，就得像鸟一样长出翅膀，还要有能够飞起来的动力。继而开始思考和设计，如果有一台机器能够提供动力，有像鸟一样很大的双翼，还有漂亮的流线来利用风力……就这样，飞机诞生了。

想象，也可以成为现实

知识链接

　　人类文明的发展离不开想象，想象力是创新的基础，是认知和拓展的结合。曾几何时，很多科幻电影里曾经出现的尖端科技都已经成为现实，如无人驾驶、无人机、人脸识别等。

梦想的高度

导　语

人们常说，梦想是最难得的，有梦想的人是最幸福的。

梦想，为何会被赋予如此深远的内涵呢？为何总是有人在讴歌梦想呢？

你知道吗？

小时候，你一定被人问过：你长大后想做什么？你是怎样回答的呢？是当老师、当警察、做医生，还是其他职业。这就是梦想的雏形。梦想，是对未来的期许，是心中想要实现的目标。

梦想的高度是什么？举个简单的例子，有两个小孩，他们的梦想都是当企业家。别人问他们当企业家是为了什么，A 说为了赚很多钱，过上好日子；B 说让很多人都能有工作，和我一起赚很多钱。哪个小孩的梦想更有高度？显而易见，答案是 B。

或许你会问，梦想也分高低贵贱吗？当然不是，无论梦想多么平凡，都不会因此而失色，都应该被尊重。比如，有些女性的梦想就是长大后结婚生子，拥有一个温暖的家。但我们必须承认，这个梦想所惠及的只是这个小家庭。而有的梦想能够惠及更多的人，甚至能让一个地区、一个国家，乃至全世界的人民都享受到。最典型的就是每一次工业革命、科技创新，都会切实改变全人类的生活方式。

我们要认识到，梦想的高度，决定人生的高度。这并不是一句空话。梦想和职业是有区别的，职业只是求生的方式，而梦想是我们愿意舍弃一些个人得失去追寻的，并且梦想还要有与之匹配能力，是可遇不可求的。

每个人都有梦想，既然都是对未来的期盼，完全可以站在更高的角度，以激励自己。

梦想的高度有这么高吗？

知识链接

　　中国人向来是不缺乏梦想的，其中也不乏站在更高角度看待梦想的人，甚至有一些人在说出梦想时还会遭到别人的嘲笑。王阳明自幼为自己定下的人生梦想是"做圣贤"，他的父亲就"告诫"他，圣贤是要像孔孟那般的人物，让他不要痴心妄想。然而，王阳明在经过一番痛苦领悟之后，终于在龙场悟道，创造了"心学"，主张"知行合一"。这套理论历经几百年，直到现在还有很多人研究、学习。

人生的高度

导　语

前文说，梦想的高度，决定人生的高度。梦想的高度取决于它的惠及面有多广，那么人生的高度又该如何衡量呢？

你知道吗？

人生，是指人从出生到死亡的这段时间，长则近百年，短则几十年。如何评价一个人的一生，也需要从几个维度来看——人生的高度、广度和温度。高度，是不断攀登，勇敢向上；广度，是视野开阔，心胸宽广；温度，是感受真善美，传递真善美。在广义上，这些都统称为人生的高度。

人生的高度是由个体的世界观、人生观和价值观共同组成的，更多的是指思想境界、眼界和人生成就。这里所说的人生成就并不是指赚了多少钱，赢得多少功名利禄，而是要从更宏观的角度出发。

儒家思想的精髓便是"修身、齐家、治国、平天下"，古代大儒们也一直将此作为人生信条。在参加科举、组成家庭之前，要先苦读圣贤书；成家之后，要努力维护整个家族的荣誉；中了科举之后，要心系社稷和百姓。在儒家看来，这才是真正的君子所为。

在现代社会中，同样也有这样心怀天下、以大爱回报社会的高尚之人。他们在危急关头，总是能够挺身而出。比如，在疫情时勇敢地冲在第一线的医护人员，在凶犯当街行凶时挺身而出的外卖员。在平时，他们不过是普通人，但仍然用心爱着这个世界，在关键时刻，迸发出过人的勇气。

知识链接

人生有度，高度决定视野，登高望远，心怀天下。歌德说："谁若游戏人生，他就一事无成；谁不能主宰自己，便永远是一个奴隶。"我们都应勇于攀登，让自己登上更高的位置，去看待人生。

我思故我在

导 语

笛卡尔曾经说："我思故我在。"

从字面上来看，意思是我思考，所以我存在。

那么，你真的理解这句话的含义吗？

你知道吗？

在很长一段时间，笛卡尔的这句"我思故我在"都被批评为"唯心主义思想"，认为笛卡尔是本末倒置。实际上，这句话并不是一个论述，而是一道命题、一个公式。

笛卡尔是公认的西方现代哲学奠基人，同时，他也是著名的数学家、物理学家。他提出

傻孩子，不出去玩在这里傻坐着干什么？

我在思考，我思故我在。

的著名主张为"普遍怀疑"，意思是人对每件事情都要心存怀疑，不能完全相信自己看到、听到的，而人在怀疑的时候，必定会思考。这就是"我思故我在"的由来。在笛卡尔眼中，怀疑等于思考，思考等于意识存在。这是一个等式关系，并不是唯心主义。

无论这句话在哲学领域中到底存在多少争论，这句话本身是否正确呢？

首先，人应该对周遭的一切保持怀疑，并在怀疑的同时进行思考。

其次，当我们质疑时，是否真的能主动思考？这一点因人而异。我们要努力做到的，就是在质疑的同时，主动思考、主动找寻答案。

最后，哲学是什么？哲学是人的思想、意识和精神世界。如果只是看书读报，被动地接受，学习哲学就没有任何意义。只有当我们学会质疑、学会思考，才能真正领略到哲学的内涵。

知识链接

笛卡尔，法国著名的哲学家、数学家、物理学家。在这三重身份中，笛卡尔在数学领域中的贡献最为突出，创立了直角坐标系（也被叫作笛卡尔坐标系），将代数和几何联系在一起进行研究，并且，很多现代数学符号都是他率先使用的，如已知数"a、b、c"，未知数"x、y、z"等，还有指数的表示方法。

哲学箴言

"哲学不是叫人信仰它的结论，而是要你思考。"

——马克思

"思考可以构成一座桥，让我们通向新知识。"

——普朗克

"一个能思想的人，才真是一个力量无边的人。"

——巴尔扎克

"在艺术创作中，第一个意念最佳；在其他的事情上，反复思考的结果最好。"

——布莱克

"智力取消了命运，只要一个人在思考，他就是自主的。"

——爱默生

"思考，就是暂时地摒除细枝末节。"

——布克明斯·福勒

"存在即合理。"

——黑格尔

"但凡不能杀死你的，最终都会使你更强大。"

——尼采

"人活着不是为了拖动锁链，而是为了张开双翼。"

——索伦·克尔凯郭尔

"参差多态乃是幸福本源。"

——罗素

"向死而生的意义是：当你无限接近死亡，才能深切体会生的意义。"

——马丁·海德格尔

"没有对生活绝望，就不会热爱生活。"

——加缪